법치는 어떻게
붕괴하는가

법치는 어떻게 붕괴하는가

김종민 지음

천년의상상

지은이의 말

1985년 3월의 하늘은 잿빛이었다. 대학 입학 첫날부터 정부 당국의 반정부 시위 학생 제적 요구를 거부하다 학교를 떠난 김준엽 총장 강제사퇴 항의시위가 끝없이 이어졌다. 화염병과 투석전이 난무하는 최루탄 냄새 가득한 교정은 일상이 되었다. 무장한 전투경찰들이 종로2가 종각역 출입구마다 진을 치고 반정부 유인물이나 화염병이 들어 있는지 대학생들의 가방을 뒤졌던 암울한 시절이었다.

경찰국가가 무엇인지 생생히 경험했던 시대였다. 전두환의 친형인 용산경찰서 출신 전기환의 '용산 마피아' 권력은 하늘을 찔렀다. 청와대와 국가안전기획부가 주도한 관계기관 대책회의는 초법적 권력으로 검찰 위에 군림했다. 그 시절 내 눈에 비친 검찰과 검사는 '군사 독재정권의 하수인'일 뿐이었다. 헌법은 작동하지 않았고 법치주의는 교과서에만 존재하는 단어였다.

1995년 3월 육군 법무관을 마치고 수원지검 검사로 임관해 2015년 2월 순천지청장을 마치고 퇴임할 때까지 검찰에서 20년을 근무했다. 변호사로 일한 지도 7년이 넘었다. 법조계에 몸담은 지 30년 세월이 훌쩍 지나갔다. 형사부 검사와 지청장으로서 근무한 수사 분야 외에도 다양한 곳에서 일할 기회가 있었다. 법무부에서 법무심의관실 검사, 인권정책과장, 형사사법공통시스템 운영단장으로 근무했고 사법연수원 교수로도 1년간 활동했다.

1999년에는 프랑스의 판사와 검사를 양성하는 그랑제꼴 국립사법관학교ENM(Ecole Nationale de la Magistrature)에 1년간 유학했고, 파리지방검찰청에서 연수하며 프랑스의 수사 실무를 현장에서 직접 경험했다. 2007년 주프랑스 한국대사관 법무협력관으로 발령받아 2년 동안 외교관으로 근무할 기회도 얻었다. 대사관 근무 시절 파리에 본부를 둔 경제개발협력기구(OECD) 반부패회의 정부 대표를 2년간 맡았다. 스트라스부르에 있는 유럽평의회와 유럽인권재판소 관련 업무도 당시 내 소관이었다.

2011년에는 김종구 전 법무부 장관의 제안으로 국내 최초의 검찰연구서『검찰제도론』집필에 공저자로 참여했다. 이 책은 학술원 우수도서로 선정됐다. 제대로 써보기로 마음먹고 100퍼센트 프랑스 원서만 참조해서 프랑스 검찰제도를 집중적으로 연구했다. 2013년

부산광역시 법률자문 검사로 1년간 파견근무 하는 동안 출간은 하지 않았지만 나름대로의 '검찰개혁론'과 '형사사법개혁론'을 쓰면서 생각을 정리해 보기도 했다.

그러다가 2015년 2월 검찰을 떠났다.

＊

나는 2017년 문재인 정권 출범 후 대검찰청 검찰개혁위원회 위원으로 1년간 논의에 참여했다. 하지만 법무부는 자체적으로 구성한 법무부 검찰개혁위원회 의견만 선별적으로 정책에 반영했다. 결론은 이미 정해 놓은 듯했고 법무부는 일사천리였다.

문재인 정권 5년은 검찰로 시작해 검찰로 끝났고, 윤석열로 시작해 윤석열로 끝나고 말았다. 그들 검찰개혁의 상징, 고위공직자범죄수사처(공수처)의 실패가 보여주듯 진단도 처방도 틀린 엉터리 개혁이었다. 정치검찰, 무소불위 검찰을 개혁해야 한다고 했지만, 미래지향적이고 발전적인 개혁의 밑그림은 없었다. 5공 군사정권 시절 누구보다 경찰국가의 폐해를 피부로 절감했던 문재인 정권의 586 운동권 출신 권력자들이 군사독재 시절보다 더 많은 권력을 경찰에 몰아주었다. 무소불위 검찰을 개혁한다면서 경찰국가로 역사를 후퇴시킨 퇴행과 역설의 시간이었다.

전문가가 배제된 정치 과잉의 사회, 직무윤리를 망각한 엘리트가 지배하는 세상은 몰락의 운명을 겪을 수밖에 없다. 공정함이 없는 권력, 탐욕에 가득 찬 위선적 도덕주의자들이 남긴 사회적 해악을 치유하지 않고 미래로의 전진은 불가능하다. 지난 5년은『조국의 시간』,『추미애의 깃발』과 함께 법치주의 파괴와 몰락의 시간이었다. '촛불혁명정부'의 위선적 뒷모습에 무너져 버린 공정과 정의의 길은 멀고 험난했다.

*

소용없는 짓인 줄 알면서도, 변호사 업무에 전혀 도움이 되지 않는다는 사실을 잘 알면서도 신문 칼럼과 페이스북을 통해 현 검찰개혁의 위험성을 세상에 알리고자 노력했다. 국가로부터 많은 혜택을 받은 검찰 출신으로서 사회에 대한 최소한의 도리라 생각했기 때문이다. 문재인 정권의 검찰개혁이 명백히 잘못되었고, 공수처와 검경수사권 조정이라는 이름으로 검찰의 사법통제가 배제된 경찰 수사 중심의 중국식 공안통치로 가고 있는 현실에 침묵할 수 없었기 때문이다.

급기야 지난 5월 3일 더불어민주당은 갖은 편법과 무리수를 동원해 위헌적인 검찰수사권 완전 박탈, 일명 '검수완박 법안'을 일방적으로 국회 본회의에서 통과시켰다. 퇴임을 일주일도 남기지 않은 문재인 대통령은 임기 마지막 국무회의 시간까지 미루면서 같은 날 오후 법안을 공포했다. 빗발치는 반대 여론과 야당인 국민의힘의 저지에도 아랑곳하지 않고 74년 동안 시행되어 오던 형사사법제도를 일거에 폭력적으로 무너뜨린 것이다. 헌법과 민주주의에 대한 테러이자 입법 독재, 유신 시절의 3선 개헌에 버금가는 집권 여당의 폭거가 아닐 수 없다.

앞으로도 검찰개혁은 더욱 뜨거운 논쟁거리로 세상을 달궈나갈 것이다. 검찰수사권의 완전한 폐지를 목표로 국회에서 사법개혁특별위원회를 구성해 중대범죄수사청 설치 방안을 논의하기로 의결했고, 헌법재판소에 제소된 권한쟁의심판 등 해결해야 할 수많은 법적, 실무적 문제점들이 산적하기 때문이다. 근본적으로 어떤 형사사법제도가 최선이고 검찰의 역할과 기능은 어떠해야 하는지 해결방안을 찾아 나가야 하기 때문이다.

그러나 국민들은 검사, 검찰, 검찰개혁의 실체가 정확히 무엇인지 모른다. 낯설고 어렵고 복잡하다. 나는 20년 검사로서의 경험과 지식을 바탕으로 참된 민주주의를 갈구하는 시민들에게 검찰의 본질, 검찰개혁의 핵심, 더 나아가서 형사사법개혁 방향을 이야기하고 싶었다. 그래서 공수처가 왜 태어나면 안 될 수사기관이었는지, 검경수사권 조정에 어떤 문제가 있는지, 수사·기소권 분리론이나 '검수완박'은 무엇이 어떻게 왜 잘못되었는지를 정직하게 말하고 싶었다.

이 책을 통해 시민들이 검찰개혁과 형사사법제도 개혁이 정치권이나 검찰과 경찰의 관심사를 넘어 우리의 일상생활에 직결되는 것임을 알아차리고, 검찰개혁 논의에 참여해 바람직한 방안을 함께 만들어 나갔으면 좋겠다.

윈스턴 처칠은 "법치주의 확립 없이는 문명은 지속되지 못할 것이고, 자유는 살아남지 못할 것이며, 평화는 지켜지지 못할 것이다"라고 했다. 자유민주주의는 법과 견제-균형 시스템에 따라 권력을 억제하고 규제하는 복합적인 제도다. 심각하게 손상된 법치주의의 회복이 윤석열 정부의 최우선 과제가 되어야 한다.

나의 검찰 이야기가 공정한 사회, 정의로운 일류국가를 위한 작은 벽돌 한 장이 될 수 있다면 아쉽게 미완의 꿈으로 남았던 지난 시간들이 결코 헛되지 않을 것이다. 이제 그 이야기를 시작할 시간이다.

2022년 5월

김종민

차례

들어가며

일류국가를 꿈꾸었던
어느 검사 이야기

나는 1995년 3월 수원지검 형사2부 검사로 첫발을 내디뎠다. 검사 임관 후 3년까지가 가장 중요한 시기다. 검사로서의 기본기를 배우면서 업무실적과 자세, 기획력, 리더십, 경찰이나 검찰청 직원들과의 소통능력 등으로 검사에 대한 1차 평가가 이루어지기 때문이다. 당시 수원지검은 사건은 많고 검사가 부족해 근무여건이 좋지 않기로 소문난 검찰청이었다.

매월 250건~300건의 사건이 각 형사부 검사에게 배당되었다. 구속률이 10퍼센트를 넘던 시절이라 거의 매일 1~2건은 구속사건이었다. 하루 종일 정신없이 일했다. 평일 야근은 다반사고 주말에도 종종 출근해야 하는 일상의 연속이었다.

사법연수원 2년 동안 공소장과 불기소장 쓰는 법을 배웠지만 실전은 또 다르다. 사건 유형에 따라 천차만별인 공소장과 불기소장 작성 능력은 연 3,000~4,000건의 사건 처리를 통해 숙련된다. 부장검사와 차장검사의 강도 높은 빨간펜 트레이닝도 이때 이루어진다. 수사기록을 '단단히' 만드는 것이 중요하고 사건에 대한 열정과 치밀함을 배워가는 시간이다.

매월 말 전체 검사의 미제 현황, 직구속, 무고 인지, 변사체 직접 검시 등 업무 수행 관련 통계가 작성된다. 부별 통계도 작성되어 부장검사 평가에 반영된다. 각 지청 통계도 만들어져 지청장 평가도 이루어진다. 3개월 이상 미제는 특별관리 대상이고 매년 1회 실시되는 사무감사에서도 이런 장기 미제는 특별감사 대상이다. 당연히 미제가 많은 검사, 장기 미제를 상습적으로 남기는 검사는 좋은 평가를 받지 못한다.

바쁜 업무 와중에 변사가 발생하면 멀리 안산이나 평택, 안성까지도 직접 검시를 다녀야 했다. 자연사 이외의 모든 사망을 변사라고 한다. 타살은 물론 자살, 원인불명의 죽음이 모두 변사다. 자살이나 사고로 은폐된 타살이 있을 수 있기에 변사 지휘기록을 살펴보고 의심스러우면 검사가 직접 변사체를 검시한다. 평검사 시절 200구가 넘게 변사체를 검시했다.

1994년 세상을 떠들썩하게 했던 '지존파 사건'도 교통사고 변사 사건을 파헤쳐 전모가 밝혀진 것이다. 훗날 검찰총장이 된 당시 문무일 검사는 전주지검 남원지청에서 근무하고 있었다. 어느 날 교통사고 한 건이 보고됐다. 승용차가 지리산 자락의 험한 산길을 오르다 계곡으로 굴러떨어져 운전자가 즉사했다는 내용이었다.

단순 교통사고로 내사종결하겠다고 보고된 변사 기록을 보던 문무일 검사가 이상한 점을 발견했다. '운전자의 거주지가 성남인데, 왜 이 산골까지 왔을까?' 의문이 들었던 것이다. 수상한 점이 한둘이 아니었다. 문 검사는 직접 사고 현장을 찾아 확인했고 사체 상태와 자동차 파손 부위를 세밀하게 살폈다. 변사체 부검까지 직접 관여하면서 추락 사고를 위장한 살인 사건이라는 결론을 내리고 본격적인 수사에 착수했다.

20대 여덟 명으로 구성된 지존파는 돈 많은 사람들을 표적 삼아 5명을 살해하고 그중 2명의 사체를 불에 태웠다. 전남 영광군 불갑면에 위치한 시골 빈집을 개조해 비밀 통로와 사체 소각장까지 갖춘 아지트를 만드는 등 범행은 대담하고 치밀했다. 사체의 인육을 먹거나 배신한 조직원까지 살해하는 등 잔혹함은 상상을 초월했다. 지존파는 납치됐던 한 여성이 필사적으로 탈출해 신고함으로써 검거됐지만, 단순 교통사고로 보고된 변사사건을 파헤친 문무일 검사의 집념과 치밀한 수사가 결정적이었다.

*

형사부 초임검사 시절부터 늘 마음에 새겼던 것은 '나에게는 매월 300건 중의 한 건이지만 당사자에게는 평생의 한 건'이라는 다짐이었다. 크고 떠들썩한 사건에 묻혀 대수롭지 않게 보이는 사건이라도 당사자에게는 가장 절박하고 중요한 사건이다. 사건이 배당되면 먼저 조사할 사건과 조사 없이 처리할 사건을 구분했고, 무혐의 의견으로 송치된 사기 사건이라도 검사의 중재로 채무변제가 가능한 사건이면 당사자를 불러 합의를 시키려 애썼다.

검사실 문을 항상 열어 놓고 피의자든 고소인이든 참고인이든 나를 만나고 싶어 하는 사람들은 최대한 만났다. 밖에서는 변호사를 통하지 않으면 검사 얼굴조차 볼 수 없다고 알던 시절이어서 더욱 그랬던 것 같다. 이를 악용한 법조 브로커의 장난질이 만만치 않았고, 그 폐단을 막을 방법은 투명하고 열린 검사실뿐이라는 생각이었다. 검사는 공정하고 신속 정확하게 사건 처리를 하는 것이 중요하지만 그렇게 보이는 것도 중요하다. 고소사건의 경우 무혐의 처분을 할 수밖에 없는 사건이라도 고소인을 불러 자초지종을 듣고 무혐의 처분 이유를 설명해 주려고 노력했다.

인간과 사회를 깊이 있게 이해하는 것이 법률지식보다 더 중요하다는 것을 배워갔다. 복잡한 법리가 문제 되는 사건은 그리 많지 않았다. 신고 없이 포장마차를 하면 식품위생법 위반으로 처벌하는데 생계가 막막해 어쩔 수 없이 리어카를 끌고 나온 사람과 명동이나 남대문 시장의 기업형 포장마차를 구분해 사건을 처리할 수 있어야 제대로 된 검사라는 생각에는 지금도 변함없다.

*

초임검사 2년을 마치면 지방검찰청 지청으로 발령낸다. 검찰 내부에서는 '1학년 검사에서 2학년 검사가 된다'고 한다. 내가 검사로 임관한 1995년에는 전국 검사 정원이 987명이었고, 2년 초임 본청 근무를 마친 뒤 지청 검사로 2년 근무를 하고 다시 본청으로 발령 내는 것이 인사 패턴의 기본이었다. 나는 1996년 9월 개청한 평택지청 검사로 인사발령을 받아 1년 6개월간 근무했다. 2022년 3월 현재 전국 검사는 2,125명인데 과거보다 검사가 많아진 요즘에는 인사관리의 어려움 때문에 초임 보직을 차장검사가 있는 지청에 발령을 내는 경우도 많다.

지청 근무를 마치고 다시 본청 검사로 발령받아 '3학년 검사'가 되면 제법 검사 꼴을 갖춰 일할 수 있다고 본다. 임관 3~4년 정도 지나면 검사들의 실력과 적성이 가려지기 시작한다. 부장검사나 차장검사 등 관리자의 가장 중요한 역할도 검사들에게 다양한 임무를 부여하고 관찰하면서 검사들의 잠재역량과 적성을 평가하는 것이다. 형사부 외에 특수, 공안, 기획 검사로서 일하기 시작하는 것도 이때부터다.

형사부의 경찰 송치사건에는 의외로 많은 범죄정보가 숨겨져 있다. '범죄정보의 보고寶庫'가 바로 송치사건기록이다. 국가보조금 횡령이나 인허가 비리, 뇌물사건 등의 단서를 사건기록에서 발견하고 검사가 자체적인 내사를 거쳐 수사하는 것이 인지수사나 기획수사의 사례다. 이처럼 초임검사 시절부터 매의 눈으로 수사기록 이면의 범죄를 찾아내는 능력이 탁월하다면 특수부 검사로 대성할 가능성이 높다.

정책과 전략수립, 기획능력이 뛰어나면 기획 검사로 성장해 나갈 수 있고, 선거사범 수사나 노동사건, 산업재해사건 등에서 역량을 보이면 공안 검사로 일할 기회가 많아진다. 초임 본청 근무와 지청 근무 시절 뛰어난 실력을 발휘하면 세 번째 인사에서 서울중앙지검 검사로 발령받기도 한다. 지존파 사건을 밝혀낸 문무일 검사도 남원지청 검사에서 서울지검 특수부 검사로 발탁되었다.

7~8년 차 검사가 되면 1년간의 해외장기유학의 기회가 주어진다. 우수한 근무실적이 기본이 되어야 하고 유학 국가별로 토플과 제2외국어 시험을 거쳐 선발한다. 바쁜 업무 와중에 다른 검사들보다 근무실적도 우수하고 해외 유학 시험까지 합격해 장기연수를 다녀오면 조직 내에서 높은 평가를 받을 수 있다. 훨씬 시야를 넓힐 수 있고 대검이나 법무부 파견 등 다양한 근무 가능성도 높아진다. 요즘에는 해외연수 가는 검사 숫자가 많이 늘었지만, 당시에는 매년 25

명 정도 선발해 미국, 영국, 독일, 프랑스, 일본 등으로 내보냈다.

대학 시절 배낭 여행가를 꿈꾸었던 나는 파리에 한번 살아 보겠다는 일념으로 육군 법무관 시절인 1992년 프랑스어 공부를 새로 시작했다. 평택지청에 근무할 때는 위성안테나를 관사에 설치해 놓고 프랑스 TV5 방송을 틈나는 대로 들었다. 중앙대 안성캠퍼스에서 가르치는 프랑스 교수로부터 개인 지도를 받으며 공부했던 시절이 어제 같다.

10년 차 검사가 되면 법무부 검사나 대검 검찰연구관으로 발탁 인사가 이루어진다. 정책기획 분야에서 탁월하면 법무부 검사로, 수사에서 능력을 발휘한 검사는 대검 검찰연구관으로 발령받는 경우가 많다. 수사업무를 떠나 국가적 차원에서 다양한 업무를 경험할 수 있고, 법무부 장관과 검찰총장을 보좌하면서 법무부와 검찰의 최고 에이스들과 함께 근무하며 배울 수 있는 기회가 되기 때문에 인사경쟁이 치열하다. 과거에는 법무부 검찰국, 대검 반부패부(과거 중수부)가 최고 요직이었고 동기 중 최상위 검사들이 그곳에서 근무했다.

사법연수원 동기 300명 중 90여 명 정도가 검사로 임관했고 그중 20여 명이 법무부와 대검 근무를 했던 것 같다. 요즘은 매년 검사 임관 숫자가 늘어나고 법무부 탈검찰화로 법무부에 극히 소수의 검사만 근무하고 있어 법무부와 대검에 근무할 기회가 과거보다 더 줄어들었을 것이다.

*

    군대에도 보병, 포병, 공병 같은 병과가 있듯이 검찰도 이런 보직 경로를 거쳐 자연스럽게 특수통, 기획통, 공안통 검사로 성장해 간다. 특수통 검사는 대검 반부패부와 서울중앙지검 특수부를 중심으로 근무 경력을 쌓아가고 최근에는 금융조사부가 각광을 받고 있다. 기획통 검사들은 법무부나 대검 기획조정부 등에서 주로 경력을 쌓는다. 평검사로 근무하다가 법무부와 대검의 과장, 검사장급 보직인 법무부 실·국장, 대검 부장으로 계속 근무하는 경우가 많다.

    그럼에도 형사부 검사가 '검찰의 꽃'이다. 공판부를 포함해 전국 검사 2,125명의 70~80퍼센트가 형사부에 근무하고 있고, 그 숫자는 1,500~1,700명 정도 된다. 형사부 검사는 특수부 검사같이 빛나는 자리는 아니어도 한 건 한 건 정성을 다해 민생과 직결된 사건을 처리한다. 내가 법무부와 대사관 근무를 제외하고 형사부 근무만 고집했던 이유도 그 때문이었다. 형사부 검사는 형사사법시스템을 이끌어가고 있는 핵심이다. 검찰에서 이들의 역량을 극대화하고 전문화할 수 있는 인사혁신이 매우 중요한 이유도 그 때문이다.

    특수, 공안, 기획 검사들이 법무부와 검찰의 주요 보직에서 역할을 수행하고 있는 것은 사실이지만 '역할 분담'으로 이해하는 것이 바람직하다. 법무부의 정책기획 업무나 검찰의 반부패수사, 금융범죄수사 등은 고도의 전문성이 필요하지만 그렇다고 특수, 기획통 검사들이 과도하게 검찰 주요 보직을 독식하고 있는 것은 잘못되었다.

지금까지 형사부 검사들이 상대적으로 특수, 기획 검사들보다 인사상 불이익을 받는 경우가 적지 않았다. 형사부 우대를 말하면서도 법무부 장관이나 검찰총장마다 일관성 없게 인사가 이루어지다 보니 형사부 검사들의 소외감은 커지고 조직의 역량도 약화되는 이중고를 겪고 있는 것이 불편한 현실이었다. 검찰의 기본인 형사부 강화를 위해 인사제도 개혁이 불가피하다.

특수, 기획, 공안, 형사 등으로 전문 분야를 나눈 뒤 각 분야별로 보직 관리와 검사장 승진 인사를 하는 것이 바람직하다. 서울중앙지검 형사부장이나 대검 형사부장 등 특정 보직은 형사 전문 검사들만 보직을 맡도록 제도화하면 지금과 같은 특수나 기획통 검사의 승진 편중 현상을 상당 부분 완화할 수 있을 것이다.

*

검찰을 구성하고 있는 또 하나의 중심축은 검찰수사관이다. 검찰의 전체 구성원 중 약 60퍼센트인 6,000명가량이 검찰수사관이다. 검찰청법상 8급, 9급 검찰 직원들도 수사관으로 되어 있지만 모두 수사업무를 담당하는 것은 아니다. 사무국에서 검찰행정, 형 집행 업무 등을 담당하는 경우가 훨씬 많다.

검찰수사관이 직접수사를 담당하는 경우는 일반적으로 7급으로 승진한 이후다. 그 전에는 대부분 사무국에서 일반 검찰행정 업무를 수행한다. 각 형사부 검사실에는 1명~2명의 검찰수사관이 근무하는데 경찰에서 송치된 사건의 보완수사를 주로 담당한다. 개정된 검수완박법이 시행되어 검사가 수사를 하지 않게 되면 이러한 검사실 모습은 완전히 바뀌게 된다. 검사실과 별도로 수사과와 조사과도 있는데 4급, 5급 베테랑 검찰수사관이 근무하는 곳이다. 특수부 수사를 지원하거나 복잡한 고소사건 등을 담당한다.

검찰수사관은 일반사법경찰이다. 4급~7급 검찰수사관은 '사법경찰관'이고 8급, 9급 검찰수사관은 '사법경찰리'이다. 경찰도 경위 이상 경무관까지 사법경찰관이고 경사, 경장, 순경은 사법경찰리이다. 사법경찰은 일반사법경찰과 특별사법경찰로 구분된다. 경찰과 검찰수사관은 일반사법경찰이라 하는데 모든 수사를 할 권한이 있다는 의미다. 반면 '특사경'으로 불리는 특별사법경찰은 근로감독관, 환경단속공무원과 같이 특정 분야에서 제한된 수사권만 갖는다. 국정원, 관세청, 산림청 등 많은 행정부처나 지방자치단체 공무원들이 특별사법경찰로 지정되어 있다.

수사권 조정에서 가장 논란이 되었던 부분이 검찰수사관과 특별사법경찰에 대한 수사지휘 문제였다. 결국 일반사법경찰인 경찰만 검사의 지휘를 받지 않고, 같은 일반사법경찰인 검찰수사관과 특별사법경찰은 계속 검사의 지휘를 받는 것으로 확정되었다. 그러나 경찰에서 수사를 담당하는 사법경찰은 검사의 지휘를 받지 않는데 같은 일반사법경찰인 검찰수사관이나 특별사법경찰만 검사지휘를 받는 것은 일관성이 없고 사법경찰제도의 본질에도 맞지 않는다.

흔히들 검사의 수사지휘를 오해하는 데 '검찰이라는 기관'이 '경찰이라는 기관'을 지휘하는 게 아니다. 검사는 전체 경찰 12만 명 중 약 20퍼센트인 2만 5,000명 정도의 사법경찰 수사를 지휘할 뿐이다. 프랑스, 독일 등 우리와 같은 모든 대륙법계 국가의 검사가 일반사법경찰과 특별사법경찰을 포함해 '사법경찰'을 지휘하고 있다. 마치 검찰이 경찰을 상하관계로 지휘하는 것처럼 왜곡되어 온 것이 문제다. 검사가 고용노동부 소속 특별사법경찰인 근로감독관을 지휘한다고 해서 고용노동부가 검찰의 하부기관이 아닌 것은 당연하다.

검수완박법이 시행되면 검찰수사관의 역할에 근본적 변화가 생길 것이다. 검사의 직접수사권은 부패범죄와 경제범죄만 남기고 폐지되지만, 사법경찰인 검찰수사관은 여전히 수사권이 있다. 검찰청법과 형사소송법은 검사의 지휘를 받아 검찰수사관이 수사하도록 되어 있으므로 검사가 직접수사는 하지 않지만, 검찰수사관을 지휘해 수사하도록 검찰 조직과 수사 방식의 대폭적인 변화가 예상된다.

검사의 경찰 수사지휘와 통제는 1789년 프랑스 혁명으로 검찰이 탄생한 배경이었다. 당시 혁명의 지도자들은 구체제ancien régime 시대 경찰국가의 폐해를 극복하기 위해 검찰과 사법경찰제도를 만들었다. 그때 이념적 배경이 되었던 것이 "힘없는 정의는 무력하고 정의가 없는 힘은 압제다. 따라서 힘 있는 것은 정의로워야 하고, 정의로운 것은 힘이 있지 않으면 안 된다"는 철학자 파스칼의 경구다.

그래서 경찰수사에 대한 지휘와 통제는 '준사법기관으로서 검찰'의 존재 이유기도 하다. 과거 대검 중수부 폐지 논의가 있을 때나 검경수사권 조정 논의 과정에서 검찰의 직접수사를 포기하더라도, 경찰에 대한 수사지휘는 그대로 두고 더욱 강화하는 것이 바람직한 방향이었다. 그러나 문재인 정권 초창기 검찰개혁에서는 검사의 경찰 수사지휘를 전면 폐지하고 검찰의 6대 범죄 직접수사권은 존치시키는 정반대의 방향으로 가고 말았다. 그마저 이번 검수완박법 개정으로 단계적으로 검찰의 직접수사권을 완전 폐지하고 기소권만 남기는 방향으로 가도록 한 것은 매우 우려스럽다.

검찰수사권을 박탈하고 경찰수사에 대한 검사의 지휘와 통제를 없애는 것은 곧 검찰의 존재 이유를 부정하는 것이고 검찰제도의 실질적인 폐지를 의미한다. 국민들은 검찰 폐지에 동의한 바 없는데 앞으로 검찰의 정체성과 존재 이유를 두고 커다란 논쟁거리가 될 것이다.

*

마지막으로 꼭 짚고 넘어가야 할 문제가 '법무부 탈검찰화'이다. 검찰행정이 아닌 출입국 관리, 인권 옹호 분야까지 고위직 검사가 담당하면서 법무부가 검찰에 장악되어 왔고 잦은 순환보직으로 인한 전문성 약화가 문제라는 것이 탈검찰화의 논리였다. 법무부가 검찰을 견제·감독하는 것이 아니라 상호 유착으로 인한 '제 식구 감싸기'의 부작용이 심각하기 때문에 검사 대신 해당 분야 최고의 법률 전문가로 임명해 전문성을 높임으로써 법무부에 의한 검찰 권력의 '민주적 통제'가 이루어져야 한다는 것이었다.

검사장급 고위검사가 맡았던 법무부 실·국·본부장 7개 직위 중 6개 직위가 비검사 출신에게 개방되었다. 부장검사급 검사가 맡던 과장 직위도 국제법무과장을 포함해 4개 자리가 외부전문가에게 돌아갔다. 법무실의 핵심 보직 중 하나인 법무심의관도 개방형 직위로 바뀌었다. 그런데 탈검찰화 이후 검사들이 근무할 때보다 나아진 것이 무엇인지 모르겠다. 무슨 전문성이 획기적으로 향상되었고, 지난 5년간 법무부의 실적으로 내세울 만한 법률 개정은 어떤 것이 있었는지 기억에 없다.

2017년 8월 '탈검찰화 인사 1호'로 우리법연구회와 민변 출신 이용구 변호사가 법무부 법무실장에 임명되었다. 2020년 4월 법무실장에서 물러났다가 그해 12월 법무부 차관으로 다시 돌아왔다. 그러나 임명 직전인 같은 해 11월 음주 만취 상태에서 택시기사를 폭행한 사건이 뒤늦게 드러나 기소되어 재판 중이다.

2017년 9월 인권국장으로 임명된 황희석 변호사도 민변 출신이다. 민변 사무차장과 대변인 등을 지냈고 광우병 촛불집회 변호인단, 용산참사 철거민 변호인단으로 활동하기도 했다. 조국 전 법무부 장관이 취임한 직후 설치한 검찰개혁추진단 단장을 맡아 핵심적 역할을 했으나 추미애 법무부 장관 취임 이후 돌연 사의를 표명한 뒤 2020년 4·15 총선 때 열린민주당 소속 비례대표로 출마했다.

검사들이 배제된 법무부는 민변 출신 변호사들의 놀이터가 되어 버렸다. '민주적 통제'는 허울이었고 탈검찰화는 '법무부의 민변화'를 통한 법무부 장악의 명분일 뿐이었다. 그 결과 최고의 검찰 엘리트들이 포진해 실력을 발휘하던 법무부는 2018년 이후 4년 연속 정부업무평가에서 최하위 등급인 '미흡' 또는 'C등급'을 받는 3류 부처로 전락했다. 조직 안정성도 엉망이다. 기존 평검사가 맡아왔던 보직에 임용된 변호사 등 외부인사 29명 중 40퍼센트가량인 13명이 퇴직했다는 보도가 있었다. 업무 강도는 높은 반면 처우가 만족스럽지 못하고 임기제 공무원이어서 승진도 제한되고 신분이 불안정한 것이 주된 원인으로 지적되었다.

법무부의 '탈검찰화'가 아니라 '법무부 검사의 전문화'가 해법이다. 일본처럼 판사들이 일시적으로 검사로 전관하여 법무부 민사국 등에 근무하며 전문성을 극대화하는 것도 한 방법이다. 검사 임관 후 5년 이상 지난 경력검사 중 근무실적과 본인의 희망과 적성을 고려해 법무부 검사로 5년~10년 이상 장기근무하게 하고 법무부 과장, 실·국장도 법무부 장기근무 검사 중에서 임명하면 된다.

대부분의 선진국은 이런 방식으로 법무부에 검사들이 근무한다. 법무부 검찰인사위원회에서 인사정책으로 결정만 하면 법령의 개정 없이도 바로 시행 가능하다. 이렇게 되면 장기근무를 통해 전문화된 법무부 검사들과 민간 전문가들이 함께 근무하면서 정책 전문성도 높이고 검찰의 법무부 장악이라는 오해에서도 벗어날 수 있다. 법무부 탈검찰화라는 잘못된 명분과 방향으로 더 이상 법무부가 비정상적인 상태로 방치되는 것은 국가적 비극이다.

1장

검경수사권 조정과
'검수완박'의 진실

"대충 하면 안 된다는 생각으로 열심히 법안을 공부했고, 이렇게 그냥 강행해서는 안 된다는 결론에 도달했다. 검찰개혁에 반대하는 게 아니라 오늘내일 사이에 바로 할 문제는 아니라는 것이다."

-양향자_국회의원

검사는 왜,
어떻게 만들어졌는가

검찰을 제대로 개혁하기 위해서는 먼저 검찰제도가 무엇인지, 어떻게 탄생했는지부터 이해해야 한다. 어떻게 시작되었고 어떻게 변해왔는지를 알아야 한다. 그래야 제대로 된 개혁 방향과 방법론을 함께 토론할 수 있다. 아직도 여전히 많은 사람이 검찰과 경찰이 어떻게 다른지, 검찰이 왜 있어야 하는지 잘 모른다. 검찰이 직접수사를 많이 하다 보니 경찰과 같은 수사기관이라고 오해하는 경우가 많고, 1차적 수사권, 2차적 수사권 같은 이야기도 나온다.

중세시대 초기 모든 유럽 국가의 수사와 형사재판에 관한 절차는 국가가 아닌 개인이 형사재판을 청구하는 사인소추私人訴追 방식으로 이루어졌다. 국가가 직접 범죄 피해자를 대신하여 범죄자를 수사하고 형사재판에 회부하는 직권주의적 형사사법절차는 국가권력이 강화되어 중앙집권화가 이루어져야만 가능한 제도였기 때문이다.

검찰제도의 최초 기원은 13세기 초반 프랑스 지역에서 등장했다. 왕권이 점차 강화되면서였다. 왕의 주된 수입원이었던 벌금 징수, 재산 압류와 같이 왕의 사법적私法的 이익 보호를 주된 역할로 하던 국왕의 대관代官procureur du Roi이 바로 검사의 기원이다. 귀족들은 왕과 별도로 징세관procureur fiscal을 임명하여 자신들의 법적 권리와 재산 보호 업무를 담당하도록 하였다. 오늘날 스페인에서는 검찰을 ministerio fiscal, 스코틀랜드에서도 검사를 procurator fiscal이라고 하는데 그 기원이 여기에서 비롯된 것이다.

1789년 프랑스 혁명을 계기로 프랑스의 사법司法은 국가의 '권력power'에서 국가의 '기능function'으로 변모되었다. 사법이 국가의 지배력 행사에서 국가의 역할과 작용으로 바뀐 것이다. 혁명의 입법자들은 새로운 사법제도를 구상하면서 우리의 '원님 재판'과 같이 범죄자를 수사해 죄를 요청하는 사람과 이를 심판하는 재판관이 동일한 구체제하의 규문주의糾問主義(법원이 기소를 기다리지 않고, 직권을 이용하여 직접 그 범죄인을 체포·심리·재판하는 원칙)를 극복하고, 범죄자를 수사하여 법원에 기소하는 소추(공소를 제기하고 유지하는 일)와 재판을 분리하기로 하였다. 종전의 규문주의하에서는 수사와 심리개시, 재판의 권한이 판사에게 집중되어 공정한 재판을 기대하기 어려웠는데 소추와 재판이 분리됨에 따라 선입관을 배제한 재판관이 보다 객관적으로 심판할 수 있게 되었다.

근대 검찰은 나폴레옹이 만든 1808년 형사소송법Code d'instruction criminelle에 의해 탄생되었다. 이 법은 소추와 재판을 분리하는 사법기능 분리원칙, 형사재판은 3인 판사의 합의에 의한다는 합의제 원칙, 1심 재판에 불복할 경우 항소심에서 다시 다툴 수 있도록 보장하는 2심제 원칙, 시민배심원에 의한 재판이 아닌 엄격히 선발되고 교육을 받은 판사와 검사가 재판을 담당하는 직업사법관의 원칙이라는 형사사법의 근본원칙에 따라 만들어진 세계 최초의 근대적 형사소송법이다.

이때부터 사법기능 분리원칙에 따라 소추poursuite는 검찰이, 예심수사instruction는 수사판사가, 재판jugement은 판결법원이 각각 관장하도록 했고 현재까지도 내려오고 있는 원칙이다. 1808년 형사소송법은 검사가 수사와 소추 및 재판절차를 포괄하는 형사사법의 중심으로서 사법경찰에 대한 수사지휘부터 형 집행까지 모든 단계에 관여하도록 규정했고 이후 독일, 일본, 우리나라 등 대륙법계 형사소송법의 모델이 되었다.

1957년 프랑스는 150년간 사용해 오던 1808년 형사소송법을 폐지하고 개인의 자유 보호 및 사법관 독립성 강화, 사법기능 분리원칙의 철저화, 형사사법의 효율성 제고를 강화한 새로운 형사소송법을 제정했지만 그 근본정신과 바탕은 여전히 유효하다.

*

　한편 미국과 영국에서 운영되는 영미법계 검찰제도는 대륙법계의 그것과는 근본적으로 다르다. 영국은 전통적으로 대륙법계의 중앙집권적 검찰제도를 공공의 자유에 대한 심각한 위협으로 간주했다. 특히 국가가 주도해 직업사법관인 검사와 판사가 수사하고 재판하는 직권주의적 소송절차에 의한 많은 권력 남용 사례가 대륙법계 국가에서 벌어지는 것을 보고 더욱 그러하였다.

　영국에서의 사법은 시민사회에 위임되어 있었는데 정치권력의 지방분권화 전통이 강해 중앙집권적 국가경찰에 대한 거부감도 강했다. 1829년 메트로폴리탄 경찰법Metropolitan Police Act에 의해 런던 경찰이 창설되었고, 지방정부는 1856년 자치주 경찰지구대법County and Borough Police Act에 의해 비로소 경찰조직을 탄생시킨다.

　영미법계는 기본적으로 국가라는 형벌권의 주체를 상정하지 않는다. 형사소송도 민사소송처럼 개인 간의 분쟁으로 파악한다. 따라서 법원, 검찰, 경찰 등 어떤 기관도 피의자를 직권으로 불러 심문하는 방식의 수사활동은 할 수 없다. 구속수사권, 대질조사권 등도 인정되지 않는다.

　영미법계의 검사는 공공의 이익을 위하여 국가의 형벌권을 대표해 집행하는 대륙법계 검사와 달리 단지 범죄 피해자를 위해 경찰로부터 위임받은 소추 대리인 자격에 불과하다. 영미법계에서는 형사재판이 민사재판과 똑같은 구조이고 판사는 복싱 경기의 심판과 같은 역할만 한다고 단순화할 수 있다. 검사는 형사재판이지만 민사재판에서의 원고와 같이 일방 당사자 지위를 가질 뿐 경찰에 대해 어떤 우월적 지위를 갖는 것이 아니기 때문에 검사가 경찰 수사를 지휘하고 통제한다는 관념은 영미법계 형사사법제도에서는 존재하지 않는다. 영미법계에서 사법경찰과 행정경찰이 구분되어 있지 않고, 검사가 사법경찰을 지휘한다는 개념 자체가 존재하지 않는 이유이기도 하다.

1985년 영국에서 국가공소청Crown Prosecution Service이 창설되어 검찰제도가 만들어졌지만 우리와 같은 대륙법계 검찰과는 많은 부분에서 차이가 있다. 경찰에 대한 지휘권이 없는 등 "가장 최신의 검찰이지만 가장 무력하고 가장 비판을 많이 받는 검찰"이라 평가받는다. 영국의 소추 권한 중앙집중화에 대한 전통적 저항의 표현이라 할 것이다.

미국도 영국의 영향으로 범죄 피해자를 대신한 국가가 아니라 범죄 피해자 개인이 민사재판을 청구하는 것과 같이 형사재판을 요청하는 사인소추 제도를 기반으로 했다. 그러나 식민 초기부터 검찰제도가 확립되면서 국가가 범죄 피해자인 개인을 대신해 형사재판을 청구하는 공소제도로 바뀌었다. 독립 무렵에는 미국의 고유하고 독자적인 지방검사District attorney 제도가 정착되었다. 미국이 순수한 사인소추 전통을 갖고 있는 영국과 달리 대륙법계 검찰제도가 혼합

된 형태로 제도가 발전해온 이유는 프랑스, 독일 등 대륙법계를 포함한 유럽 각국에서 많은 이민이 들어왔기 때문이다. 또한 범죄를 단순히 범죄 피해자 개인에 대한 불법행위가 아니라 공적인 것으로 보고 사회 전체가 범죄의 피해자라고 생각했기 때문이다.

미국은 연방 검찰과 주 검찰로 이원화되어 있고, 대부분 검사를 주민들의 선거로 선출한다. 이때 검사는 지방검찰청 검사장을 의미한다는 점을 유의해야 한다. 미국이나 프랑스, 독일에서 각 검찰청마다 검사는 검사장 한 명뿐이고 나머지 검사는 법적으로 검사장 대리substitut의 신분이다. 또한 미국에서는 검사가 아닌 시민들로 구성된 대배심Grand Jury 기소 제도가 운영되는 등 대륙법계를 도입한 우리와는 근본적으로 많은 차이가 있다.

따라서 검찰개혁이나 형사사법개혁을 추진하면서 외국 제도를 참고할 때, 대륙법계와 영미법계의 근본적 차이, 중앙집권국가인지 연방제 혹은 지방분권제 국가인지 잘 살피지 않으면 큰 오류를 범할 수 있다. 미국이나 영국에서 하고 있으니 우리도 해보자는 식의 단편적인 접근은 무모하고 위험하다. 모든 형사사법제도는 저마다의 역사적·사회적 배경과 그 나라의 전체 사법 시스템에 대한 종합적인 이해를 기반으로 해야만 올바른 시각으로 바라볼 수 있기 때문이다.

※

　검찰에 대한 많은 오해 중 하나가 검찰이 수사기관이라거나 기소 권한만 갖는 소추기관이라는 것이다. 특히 우리 검찰이 반부패 범죄수사 등 직접수사를 많이 하다 보니 검찰 스스로 수사기관으로 인식하는 경우가 많다. 대법원 판례조차도 검찰을 '수사기관'으로 표현한다. 검찰이 수사를 하는 것은 맞지만 검찰이 곧 수사기관은 아니다. 수사·기소권 분리론도 수사권의 본질과 소추의 개념을 제대로 이해하지 못한 데서 비롯된 결과다. 단순화하기 조심스럽지만, 검찰의 본질은 단지 수사기관이 아니라 사회와 공익을 대표하는 '준사법기관'이라고 보는 것이 정확하다.

　대륙법계 국가의 검사는 원래 '행정부를 대리하는 사회와 공익의 대표자'로서 탄생했다. 검사를 영어로 Public prosecutor라고 하지만 국가를 대리하는 공적인 형사재판의 소추자라는 뜻으로만 좁게 해석될 여지가 많아 적절치 않다. 프랑스는 검찰을 ministère public(영어로는 public minister)이라고 하는데 검찰의 성격과 정체성을 훨씬 정확하게 나타내 준다. 프랑스 검찰은 수사와 형사재판, 형 집행 등 형사사법 분야 이외에도 민사나 상사商事 및 소송 이외의 사법 외extra-judiciaire 분야에서 많은 역할과 기능을 하고 있다. 이렇게 다양한 권한과 역할을 수행하고 있는 것을 '1,000개의 색깔을 가진 한 개의 팔레트une palette aux mille couleurs'라고 상징적으로 표현한다.

특히 행정부의 대표자로서 법원에 대한 법령의 정당한 적용 여부의 감시와 감독 역할이 중요하다. 주로 공공질서와 공익에 관련된 사건들로서 성년 후견 절차의 개시와 변경, 친자관계 사건, 미성년자 후견 절차 등에도 검사가 광범위하게 관여한다. 프랑스에서는 이를 '검찰의 현대적 역할rôle modern du parquet'이라고 부르고 있고 법무부에서도 정책적으로 계속 확대해 나가고 있다.

검찰의 본질과 역할을 제대로 이해하는 것이 검찰개혁을 위한 첫걸음이다. 행정부를 대리하는 준사법기관으로서의 검찰의 정체성을 충분히 인식하지 못하다 보니 '검수완박'과 같은 황당한 일들이 벌어지고 있는 것이다. 지금까지 검찰 스스로도 검찰제도에 대한 이해가 충분치 않았다. 특수수사를 중심으로 검찰이 지나치게 1차 수사기관화, 경찰화되어 있었던 것이 문제였다.

검찰은 직접수사보다 경찰수사를 지휘하고 통제하는 준사법기관의 역할이 중심이 되어야 했다. 그러나 오랜 기간 검찰이 '사정의 중추'라는 이름으로 1차 수사기관 역할에 집중하다 보니 검찰 구성원 스스로는 물론 국민들도 검찰과 경찰이 어떻게 다른지 구분하지도 못했고 차별성을 느끼지도 못했던 것이다.

지금부터라도 검찰과 학계나 법조계, 언론에서 검찰에 대한 인식을 새롭게 할 필요가 있다. 단순한 수사기관으로 인식하는 것과 준사법기관으로 인식하는 것과는 커다란 차이가 있다. 검찰개혁은 우리가 잊고 있던 준사법기관으로서의 검찰의 정체성 회복에 맞춰

져야 한다. 경찰과 경쟁하는 수사기관이 아니라 검찰의 탄생과 존재
이유인 준사법기관으로 우리 검찰에 부족하거나 보완하여야 할 부
분이 무엇인지 찾아 나가는 것이 진정한 검찰개혁으로 가는 길이다.

박종철 고문치사 사건과
검사의 수사지휘

"하늘이여, 땅이여, 사람들이여,

저 죽음을 응시해주길 바란다.

저 죽음을 끝내 지켜주길 바란다.

저 죽음을 다시 죽이지 말아주길 바란다."

—「하늘이여, 땅이여, 사람들이여」, 〈동아일보〉 김중배 칼럼(1987년 1월 17일)

서울 관악구 신림동 하숙방에서 경찰에 연행된 뒤 치안본부 남영동 대공분실 509호실에서 조사를 받던 서울대 언어학과 3학년 박종철이 1987년 1월 14일 사망했다. 1987년 6월 민주항쟁을 촉발시킨 '박종철 고문치사 사건'은 이렇게 시작되었다. 박종철을 연행한 이유는 시국 사건 수배자인 박종운의 소재를 알아내기 위해서였다. 참고인 신분이었고 영장도 없는 불법체포였다.

박종철 고문에는 모두 경찰 5명이 가담했다. 옷을 모두 벗긴 채 조사실 안 욕조로 끌고 가 물고문을 반복했고, 결박당한 두 다리를 들어 올려 물고문을 하는 과정에서 욕조의 턱에 목이 눌리면서 경부압박에 의한 질식으로 사망했다. 오전 11시 20분경이었다. 중앙대학교 부속 용산병원 의사 오연상이 급히 불려가 한 시간 정도 심폐소생술을 시도했으나 이미 숨을 거둔 상태였다.

도착 당시 이미 바닥에 물이 흥건해 물고문이 의심되었다. 경찰은 사체를 중앙대병원으로 옮기려 했지만, 대공분실이 아니라 병원 응급실에서 사망한 의료사고로 위장될까 우려해 중앙대병원 측이 시신의 내원을 막았다. 결국 국립경찰병원으로 가게 되었다. 의사 오연상은 사망진단서를 써 달라는 경찰의 요구를 거절하고 사체검안서를 써 주었다. 사인은 미상으로 기재했다.

＊

한양대병원 영안실에서 국립과학수사연구소 황적준 박사와 한양대병원 박동호 교수에 의해 실시된 부검 결과 '경부압박에 의한 질식사'로 사인이 밝혀졌다. 온몸에 피멍이 들어있었고 엄지와 검지 사이에 출혈이 있었다. 사타구니와 폐 등이 훼손되어 있었고 복부가 부풀려져 있는 상태였다. 경찰은 '사인을 심장 쇼크사로 하라'고 압박하고 회유했지만, 황적준 박사는 불의에 타협하지 않고 진상을 밝혔다. 1년 뒤 부검 과정에서 받은 협박 내용이 일기장을 통해 공개되기도 했다.

사건은 1987년 1월 15일 〈중앙일보〉 사회부 신성호 기자의 특종으로 처음 세상에 알려졌다. 그날 아침 대검찰청 공안4과장 이홍규 검사의 방에 들렀다가 '남영동에서 경찰조사를 받던 서울대생이 죽었다'는 말을 듣고 긴급취재에 들어가 오후 3시 30분 「경찰에서 조사받던 대학생 '쇼크사'」라는 첫 보도를 내보냈다. 5공 군사정권의 '보도지침'이 서슬 퍼런 시절이었고, 경찰은 필사적으로 막으려 애썼지만 진실을 은폐할 수는 없었다.

1987년 1월 19일 오후 6시 강민창 치안본부장이 긴급기자회견을 했다. '박종철이 쇼크사로 사망했고 경찰의 가혹행위는 절대 없었다'면서 "책상을 '탁' 하고 치니 '억' 하고 죽었다"라는 역사적인 망언을 남겼다. 〈동아일보〉의 「물고문 도중 질식사」라는 대대적인 보도가 이어졌고 민심은 폭발했다. 경찰은 자체 수사를 거쳐 고문 경찰관 2명을 구속했지만, 축소 조작 사실이 밝혀지는 데는 오랜 시간이 걸리지 않았다.

은폐를 지시한 박처원 치안감(당시 치안본부 5차장) 등 3명이 추가로 구속되었다. 사건 발생 당일 처음 구속된 2명의 범행으로 축소하기로 하고 예행연습까지 시켰던 사실이 밝혀졌다. 강민창 치안본부

장이 국립과학수사연구소장에게 100만 원을 주며 회유하려 한 사실도 드러났다. 황적준 박사는 조직을 떠났다. 국민들의 분노는 1987년 6월 10일 민주항쟁의 열기로 이어졌고 민주화와 직선제 개헌을 수용하는 6·29선언으로 5공 군사정권의 막이 내리게 된다.

＊

역사의 물줄기를 바꾼 박종철 고문치사의 진상이 밝혀진 것은 '형사소송법 제222조 변사체 검시 규정' 때문이다. 사인이 명백하게 밝혀진 자연사 이외의 모든 사망은 변사로 분류된다. 범죄로 인한 타살, 사고사, 자살, 원인불명의 급사 등이 모두 포함된다. 변사가 발생하면 즉시 그 소재지를 관할하는 지방검찰청 검사에게 보고해야 한다.

검사가 직접 검시를 하거나 사법경찰관을 통해 검시한 뒤 타살 혐의없음이 확인되면 사체를 유족에게 인도하도록 지휘하는 것이 변사사건 처리 절차다. 변사자의 사체 또는 변사의 의심 있는 사체를 은닉 또는 변경하거나 기타의 방법으로 검시를 방해한 자는 형법 제163조에 의해 처벌된다.

경찰은 서둘러 박종철의 시신을 화장해 진상 은폐를 시도했다. 그러나 경찰의 박종철 고문치사 은폐 기도는 검찰에 의해 좌절되었다. 변사 발생 보고를 하고 사체 인도 지휘를 받아 바로 화장하려 했지만, 고문치사 사건임을 직감한 최환 당시 서울지검 공안부장이 부검을 해야 한다며 경찰의 뜻대로 움직이지 않았기 때문이다. 5공 공안정국 시절이라 공안부 검사가 변사 지휘를 하면 어떤 결과가 나오더라도 오해를 받을 소지가 있다고 판단하고, 형사부 당직 검사에게 변사지휘를 맡게 했다. 그날 당직 검사가 안상수 전 한나라당 대표였다.

제도가 이렇게 중요한 것이다. 검사의 지휘를 받도록 한 형사소송법의 변사체 검시 규정 하나 때문에 박종철 고문치사 사건의 진상이 세상에 밝혀졌고 5공 군사정권이 종식되는 데 도화선이 되었다. 5공 시절은 군사독재 정권이 통치하는 경찰국가가 무엇인지 잘 보여준 시대였다. 국가안전기획부가 주도하는 관계기관 대책회의에서 주요 시국사건 처리가 결정되었다.

대학생들은 잠재적인 시국사건 피의자들이었다. 1984년까지 '백골단'이라 불리던 사복경찰이 대학 교내에 상주하면서 도서관에서 유인물을 뿌리던 학생들을 현장에서 체포해 잡아가던 어둠의 시절이었다. 82학번인 조국 전 민정수석은 박종철의 부산 혜광고 1년 선배이자 서울대 2년 선배다. 박종철이 어떻게 죽어갔는지 누구보다 잘 안다. 2018년 7월 28일 박종철의 부친 박정기 씨가 별세했다. 빈소인 부산시민장례식장에 박상기 법무부 장관을 비롯해 조국 민정수석도 조문했다.

조국 민정수석은 이날 오전 자신의 페이스북에 '아버님, 편히 쉬

시이소'라는 글을 올렸다. 그는 "아버님은 종철의 아버지를 넘어 저희 모두의 아버님이셨다"며 "현재 제 아들 나이가 종철이가 고문 살해당했을 때 나이와 얼추 같다. 당시 아버님의 비통함과 그 이후 아버님이 살아오신 30여 년의 무게를 새삼 되새겨본다"고 썼다.

검사의 수사지휘 덕분에 박종철 고문치사의 진상이 밝혀졌다. 5공 경찰국가의 폐해를 누구보다 잘 아는 조국 전 수석과 586 운동권 출신 권력자들이 검사의 수사지휘 제도를 폐지해 버린 것은 역사의 아이러니다.

"저 죽음을 끝내 지켜주길 바란다. 저 죽음을 다시 죽이지 말아주길 바란다"라는 절규를 외면하고 경찰국가로 되돌려버린 문재인 정권의 권력자들은 고문치사로 죽어간 박종철의 넋 앞에 어떻게 얼굴을 들 수 있을까.

'검수완박',
이토록 수많은 무지들

　2019년 조국 사태 이후 문재인 정권의 검찰개혁 목표는 검찰수사권 완전 박탈, 일명 '검수완박'이었다. 공수처가 검찰개혁 시즌1의 상징이었다면, 검찰개혁 시즌2는 검수완박이다. 더불어민주당은 2020년 12월 검찰청법 폐지 법안과 공소청 신설 법안을 제출했고, 다음 해 2월 '중대범죄수사청 설치 및 운영에 관한 법률안'도 발의했다. 그러는 사이 수사·기소권 분리는 어느새 상식이 되어버렸다. 여야 할 것 없이 정치권은 물론 언론에서도 수사·기소권 분리를 당연한 듯이 말한다.

　일부 법조계와 형사법 교수들조차도 수사·기소권 분리가 바람직한 방향이라 주장한다. 2021년 2월 중대범죄수사청 설치 법안을 대표 발의한 경찰대 1기 출신 황운하 더불어민주당 의원은 "수사와 기소는 분리돼야 한다는 게 선진 각국 형사사법체계의 글로벌 스탠다드"라며 우리 형사사법제도가 후진적인 것처럼 주장하고 있다. 황운하의 말은 후안무치한 거짓이다. 수사권과 기소권의 본질을 몰라서 하는 말이다. 대륙법계 검찰과 영미법계 검찰을 혼동한 데서 오는 무지다.

*

우리나라 형사사법체계는 대륙법계를 기초로 세워졌다. 대륙법계 국가의 수사는 검사가 소추訴追, 즉 공소를 제기하고 유지할지 말지 판단하기 위한 '준비 단계phase préparatoire' 또는 '예비 단계phase préliminaire'다. 국회의원의 법안심의절차와 표결절차가 분리될 수 없고, 판사의 재판심리절차와 판결절차가 분리될 수 없듯 준비 단계인 수사와 본 절차인 기소起訴(검사가 법원에 공소를 제기하는 일)는 본질적으로 분리될 수 없다.

그 이유를 우선 검찰제도가 탄생한 역사적 배경부터 살펴보자. 앞선 글에서 설명했듯이 검찰제도는 1789년 프랑스 혁명의 산물이다. 당시 혁명의 아버지들은 '사법기능 분리원칙principe de la séparation des fonctions judiciaires'에 따라 소추poursuite, 예심수사instruction, 판결 jugement 기능을 엄격히 구분하면서 소추는 검찰이, 예심수사는 수사법원이, 판결은 판결법원이 각각 담당하도록 근대 형사사법제도의 기원인 1808년 형사소송법에서 규정했다. 우리에게 생소한 예심수사는 일제시대 조선에서도 시행되었고, 독일에서도 1973년 폐지될 때까지 존속했던 수사판사에 의한 수사를 말한다.

프랑스의 사법기능 분리원칙은 지금도 확고한 형사사법의 대원칙으로 자리 잡고 있고 대륙법계 형사사법제도는 이것을 토대로 하고 있다. 소추(기소)와 판결의 분리는 있으나, 수사와 기소의 분리는 존재하지 않는 것이다. 수사·기소권 분리 주장은 경찰이 수사권 독립을 위해 만든 허구의 프레임일 뿐이다. 이론적으로도 틀렸고 외국의 사례도 없다.

이를 또한 잘 보여주는 것이 검찰제도의 국제표준인 유럽평의회 Council of Europe 2000년 10월 6일 권고 「형사사법제도에서의 검찰의 역할」이다. 이 권고 제2조는 "모든 형사사법제도에서, 검사는 소추를 시작 또는 계속할 것인지 여부를 결정한다"고 규정한다. 앞서 본 바와 같이 소추에서는 기소 여부를 결정하기 위한 준비 단계 또는 예비 단계인 수사절차와 본 절차인 기소절차가 분리될 수 없다. 유럽평의회 권고에 의하면 수사권이 없는 검찰은 검찰이 아니다. 과거 수사권 조정 이전에 경찰이 수사한 사건은 모두 검찰로 피의자와 관련 수사서류를 보냈는데, 이를 송치送致라고 부른다. 검사가 기소 여부를 판단할 수 있도록 정보를 제공한다는 의미다.

또한 형사소송법은 피의자나 참고인 조사, 압수수색 절차 등 모든 수사 과정을 조서와 수사보고서로 남겨야 한다는 서면주의書面主義 원칙을 채택한다. 경찰 수사 과정에서 인권침해나 적법절차를 위반한 사례가 있는지 여부를 준사법기관인 검사가 검증하고, 검찰수사 과정에서 그러한 사례가 있었는지 여부는 법원이 사후적으로 검증하는 사법통제를 위해서다. 프랑스 법대 학생들 교과서에 나오는 기초적인 이론인데, 한국의 대통령부터 형사법 교수들까지 공부는 하지 않고, 앵무새처럼 수사·기소권 분리를 주장하고 있는 것이다.

수사·기소권 분리가 세계적 추세이고 선진국의 글로벌 스탠다드라는 말도 틀렸다. 틀린 정도가 아니라 사실 왜곡이고 혹세무민이다. 유럽평의회 2016년 통계자료만 봐도 47개 회원국 중 39개국의 검찰이 수사권을 갖고 행사한다. 다만, 검찰의 '수사권 행사 방식'이 다를 뿐이다. 대표적인 대륙법계 국가인 프랑스와 독일은 검찰이 수사권을 보유하되 검찰청에 직접수사 인력을 두지 않는다. 대신 사법경찰을 지휘해 수사한다.

프랑스에서 사법경찰의 법적 지위는 '검사의 감독하에 있는 사법권의 실질적 보조자'이다. 독일에서는 '검찰은 손발 없는 머리', '경찰은 머리 없는 손발'이라고 검사와 사법경찰의 관계를 상징적으로 표현한다. 대륙법계 국가의 수사체계는 기본적으로 검찰이나 경찰 어느 한 기관에 권한을 집중시키면 안 된다는 생각을 바탕에 두고 있다. 수사기관의 권한 남용을 방지하고 모든 수사는 사법관인 판사와 검사가 수사의 적법성과 적정성을 감독하는 사법통제하에 있어야 한다는 것이다.

따라서 프랑스는 경찰의 독자적 수사권이 없다. 경찰은 사법관인 검사와 수사판사의 보조자로서 수사 착수 단계부터 진행, 종결에 이르기까지 전 과정에 걸쳐 지휘와 통제를 받는다. 수사판사란 나폴레옹이 만든 1808년 형사소송법에 도입된 제도로서 예심판사라고도 한다. 독립된 판사가 수사를 하는 것으로 구속, 압수수색 등 강제절차에 관여한다.

이러한 검사와 수사판사의 역할 구분을 단순화하면 검사는 사법경찰 수사지휘, 수사판사는 강제수사를 중심으로 한 직접수사 기능을 담당한다고 할 수 있다. 직접수사를 담당하는 경찰과 이를 지휘 통제하는 검사와 수사판사가 한 몸이 되어 인권침해나 불법수사 여지를 차단하면서 효과적으로 수사하는 것이다.

프랑스는 10년 이상 구금형으로 처벌하는 범죄에 대해서는 반드시 수사판사의 예심수사를 거쳐야 한다. 직업 법관 3명과 6명의 시민배심원이 참여하는 배심재판을 통해 판결한다. 수사판사는 판사와 검사의 중간적 위치에 있다고 볼 수 있는데, 독립된 판사에 의해 외부의 영향을 받지 않고 공정한 재판을 할 수 있다는 장점이 있는 반면 수사절차가 재판절차와 유사하게 진행됨에 따라 신속한 수사가 어렵다는 문제점도 지적된다. 1년~2년간 구금시켜 둔 상태에서 수사를 진행하는 경우도 많은데 특히 영미권 형사법 학자들로부터 '자백을 받기 위해 구금시켜 둔다'는 비판이 많다.

그런 의미에서 예전 우리 검찰처럼 직접수사권, 수사지휘권, 기소권을 모두 가지면서 권한이 집중되어 있었던 것은 분명 문제가 있다. 그러나 지금처럼 경찰이 검찰의 지휘와 사법통제 없이 독자적 수사권과 수사종결권을 갖는 것도 잘못된 것이다. 특히 사법적 결정인 범죄혐의 유무 판단에 관한 수사종결권을 경찰에게 인정한 나라는 단 한 나라도 없다. 우리 경찰이 수사권 독립의 모델로 삼은 일본의 경우도 경찰이 수사한 사건을 전부 검찰에 송치하고 있다.

✳

또 하나 생각해 볼 문제가 있다. 수사·기소권 분리, 특히 독자적 수사권을 갖는 수사기관을 여러 개로 나눌 때 발생하는 가장 큰 문제는 권력형 부정부패범죄, 금융경제범죄, 조직범죄 같은 첨단 대형 범죄에 효과적으로 대처할 수 없다는 점이다. 부패범죄와 금융경제 범죄는 빠른 속도로 진화하고 있다. IT를 이용한 첨단 범죄, 범죄수익의 해외 도피 등 범죄의 세계화도 위험 수준을 넘었다. 일관된 체계 없이 수사기관이 검찰, 경찰, 공수처, 중대범죄수사청(중수청), 상설특검으로 난립하게 되면 중대범죄에 대한 국가의 대응역량은 심각하게 훼손될 수밖에 없다.

형사사법은 최소의 비용으로 최대의 효과를 낼 수 있어야 하고 신속한 수사와 재판으로 범죄의 예방과 처벌에 효과적이어야 한다.

또한 범죄로부터 시민들이 안전하게 보호되어야 하고 국가와 사회가 부패범죄나 금융·경제범죄 등으로부터 손상되지 않도록 방위하는 것이 형사사법의 가장 중요한 목적이다.

더불어민주당이 추진한 '검수완박'이 현실화되면 경찰 수사 과정에서 발생할 수 있는 수사권의 오남용, 불법수사, 형사소송절차 위반 등에 대한 검찰의 사법통제 장치가 완전히 사라지게 된다. 당연히 인권 보호는 후퇴할 수밖에 없다. 검찰의 직접수사권을 폐지한 뒤 사법통제마저 할 수 없는 상태에서 기소권만 남겨두고 경찰과 공수처, 중수청이 직접수사를 하게 될 때 누가 경찰과 공수처, 중수청의 수사를 통제할 것인가.

법원의 영장심사절차를 경찰 수사에 대한 사법통제 장치로 말하는 경우가 많지만, 체포, 구속, 압수수색 등 강제수사 단계에서의 법원 영장심사는 사법통제 수단의 일부일 뿐이다. 내사나 수사의 착수 여부, 참고인 조사나 각종 증거 수집에서부터 위법 부당 여부를 효과적으로 통제하지 않으면 수사권은 남용되고 통제받지 않는 권력이 될 뿐이다. 수사·기소권 분리가 글로벌 스탠다드가 아니라 모든 수사는 전 과정이 사법통제하에 있어야 한다는 것이 글로벌 스탠다드다.

직접수사와
수사지휘통제의 분리

　앞서 살펴본 이유에서 우리 검찰개혁이 나아갈 방향은 '수사·기소권 분리'가 아니라 '직접수사와 수사지휘통제의 분리'여야 한다. 그게 정답이다. 그래야 수사에 대한 적절한 사법통제가 가능하고 효과적인 수사도 할 수 있을 뿐만 아니라 그간 비판받아왔던 검찰의 과도한 권력 집중도 막을 수 있다.

　국회가 검찰의 직접수사권을 향후 완전 폐지하고 중대범죄수사청(중수청) 설립을 위한 사법개혁특별위원회 설치를 의결했는데, 검찰이 경찰과 중수청의 수사에 대한 실효적인 지휘와 사법통제를 할 수 있도록 한다면 바람직한 대안이 될 수 있다. 특히 현재 6,000명에 이르는 검찰수사관이 있는 상태에서 무작정 검찰의 직접수사권을 폐지해 버리면 이들의 역할과 활용에 문제가 생긴다. 따라서 검찰의 효과적 수사지휘와 사법통제를 갖춘다는 전제하에 국가적 차원에서의 중대범죄 대응역량도 훼손시키지 않을 수 있는 중수청 설립 방안은 긍정적으로 검토할 만하다.

보다 구체적으로 살펴보면 검찰 특수부나 금융범죄조사부 등 직접수사 부서의 검사와 수사관, 경찰의 광역수사대 수사관을 통합하여, 신설된 중수청에서 사법경찰 자격으로 수사할 수 있도록 국가 수사체계를 재편하는 것이다. 이렇게 수사체계가 재편되면 일반수사의 경우 경찰이, 부패범죄나 금융범죄 등 중대범죄수사는 중수청이 담당한다. 경찰의 1차 수사종결권은 폐지하고 모든 사건을 검찰에 송치하게 한다. 공수처는 중수청에 흡수 통합시킨다. 검찰은 경찰 송치사건의 보완수사나 무고, 위증 등 관련 사건 인지를 할 수 있는 정도의 제한적 수사권만 인정한다. 원칙적으로 검찰이 직접수사를 할 수 없도록 하고 필요할 경우 경찰과 중수청을 지휘해 수사하도록 한다.

이렇게 되면 검찰은 1차 수사기관으로서 수사를 하는 것이 아니라 준사법기관으로서, 경찰과 중대범죄수사청의 수사를 실효적으로 지휘하고 통제할 수 있게 된다. 검경수사권 조정이 시행되고 검수완박이 추진되고 있는 지금 문제는 직접수사권 폐지와 함께 검찰의 사법통제 기능마저 함께 박탈해 버린 것이다.

여기서 특별히 유의해야 할 것은 검찰이 내사나 수사 착수부터 진행, 종결에 이르기까지 실질적인 수사지휘와 통제를 할 수 있어야 하고 경찰과 중수청의 수사종결권을 인정해서는 안 된다는 점이다. 사법경찰의 자격으로 수사하고 수사가 종결된 모든 사건을 검찰로 송치해서 수사권의 남용 여부나 불법 수사 여부에 대해 검찰이 사후적으로 살펴볼 수 있어야 한다. 범죄혐의 유무 판단도 최종적으로 검사가 해야 하고 기소권도 행사할 수 있어야 된다. 만약 단일한 중수청에 너무 권한이 집중될 우려가 있다면 반부패수사청, 금융경제범죄수사청, 마약조직범죄수사청, 대테러공안수사청 등으로 나누는 방법도 고려해 볼 수 있다.

＊

프랑스는 사법경찰에 대해 4중의 감독·통제장치를 갖추고 있다. 검사의 수사지휘, 고등검사장의 감독, 고등법원 예심부의 통제, 법무부의 직무감찰이 그것이다. 관할 고검장은 사법경찰의 직무상 의무 위반에 대해 제재할 수 있으며 부여한 사법경찰권을 박탈할 수도 있다. 검사의 정당한 지휘에 불응하는 경우가 대상이 된다.

프랑스는 1993년에는 고검장의 관할 지역 내 사법경찰관에 대한 근무 평정 제도를 도입했다. 검사와 수사판사는 관내 사법경찰관의 평가 결과를 종합하여 매년 1월 31일까지 제출해야 한다. 10년 이상 구금형으로 처벌하는 범죄를 배심재판 방식으로 재판하는 중죄법원장과 고등법원 예심부장의 의견을 듣고 고검장이 최종적인 근무 평정을 한다. 근무 평정 결과는 해당 사법경찰관의 승진 인사에 의무적으로 반영하도록 형사소송법에 규정되어 있다. 이를 위해 고검장은 관내 사법경찰관 인사 관련 서류를 별도로 보관한다.

고등법원 예심부는 고등법원에 설치된 2심 수사법원인데 사법경찰관리의 징계 사안을 수리하여 징계 여부를 결정한다. 2000년에는 법무부 감사관실Inspection générale des services judiciaires이 사법경찰관리의 직무수행과 관련한 감찰조사를 할 수 있도록 형사소송법 규정이 신설되었다. 감찰조사는 법무부 장관이 지시할 수 있으며 사법관이 이를 시행한다.

또한 프랑스에서는 특정 계급 이상의 경찰이 자동적으로 사법경찰관이 되는 것이 아니라 고검장의 '개별적 자격부여habilitation'가 있어야 사법경찰의 직무를 수행할 수 있다. 하위 직급 수사관인 사법경찰리는 별도의 자격부여는 필요 없으나 법무부 장관과 내무부 장관이 공동으로 시행하는 자격시험에 합격해야 하는 등 법령에 일정한 자격요건을 명시해 두고 있다.

현행범 체포나 긴급 체포 시 즉시 검사에게 보고해야 하고 이를 위해 24시간 수사지휘 체제를 갖추고 있다. 당직 검사가 전화로 수사지휘를 하고 통화내용은 모두 녹음된다. 사법경찰은 범죄의 존재를 알게 되면 이를 '지체없이' 검사에게 보고해야 하고 수사 진행 과정에서 공공질서 침해가 우려될 경우에도 그 위험성을 검사에게 보고

해야 한다.

수사가 종료되면 모든 서류와 압수품을 검찰에 송치해야 하고 수사에 관한 종결권은 검사의 전권이다. 조직의 상관과 검사의 지휘가 서로 경합될 때 프랑스 형사소송법은 검사의 지휘를 따르도록 명문으로 규정하였다. 과거 검사의 수사지휘가 있을 때도 우리는 '무늬만 지휘권'이 있었을 뿐 정당한 지휘에 불응할 경우 이를 관철할 수 있는 실질적인 수단이 없었다. 검경수사권 조정 이전에도 사실상 경찰이 독자적인 수사권을 행사하고 있었던 것이다.

실효적 수사지휘권을 전제로 검찰의 직접수사권을 폐지하게 되면 검찰은 경찰과 중수청에 대한 수사지휘와 사법통제 및 기소를, 경찰은 일반수사와 민생사건 수사를, 중수청은 권력형 부패사건이나 금융경제범죄 등 중대사건을 담당하는 삼각 구도로 국가수사체계가 재편된다. 어느 한 수사기관에 권한의 치우침이 없고 공평하고 균형 잡힌 수사체계가 가능하다.

이렇게 하면 검찰의 권한은 적절히 분산되면서도 준사법기관으로서 수사 착수 단계부터 종결에 이르기까지 경찰과 중수청에 대한 수사지휘와 사법통제를 할 수 있다. 피의자의 인권 보호와 축소은폐 수사나 표적 수사 등 수사권 남용에 따른 불법 수사의 여지를 최소화할 수 있게 되는 것이다.

반면 대장동 개발비리 사건 수사에서는 검찰, 경찰, 공수처가 각각 따로 놀았다. 국가수사체계 재편을 위한 문재인 정권의 검찰개혁이 허구이고 실패임을 생생하게 보여주는 장면이다. 검찰이 주요 피의자들을 소환 조사하고 계좌추적도 하고 있는데, 경찰도 역시 금융정보분석원FIU에서 이첩한 범죄금융정보를 따로 추적하고 소환 조사를 했다. 검찰에서 조사받은 피의자나 참고인이 경찰에도 이중 삼중으로 불려 다녀야 하고 압수수색이나 계좌추적도 역할 분담이 되지 않으니 효과적으로 수사할 수 없었다.

검경합동수사본부 설치 방안도 논의되었지만, 주요 사건이 발생할 때마다 합동수사본부를 설치할 수는 없다. 수많은 일반사건을 그렇게 수사하는 것은 너무나 비효율적이다. 검찰개혁은 정치적 구호가 아니다. 국가개혁의 일환으로 정교하게 설계되고 추진되어야 한다. '검수완박', 하루빨리 사라져야 할 무지의 유산이다.

무소불위
경찰 권력의 탄생

서울 강남경찰서의 수사 조직을 보면 수사1과(경제1팀~7팀), 수사2과(경제8팀~14팀), 수사3과(지능범죄수사팀, 사이버범죄수사팀), 형사1과(형사1~5팀), 형사2과(강력1~6팀, 마약팀, 실종팀), 여성청소년과(여성청소년계, 여성청소년수사팀)로 구성되어 있다. 고소사건을 주로 처리하는 수사1과의 경우 각 경제팀당 5명의 수사관이 있고 각 수사관마다 30건의 사건이 있다고 가정하면 수사1과의 전체 사건은 1,050건이 된다. 수사2과, 수사3과도 사정은 비슷할 것이다. 형사과와 여성청소년과도 마찬가지다.

수사1과장이 과에서 수사하는 1,000건이 넘는 사건기록을 검토해 결재하는 것은 사실상 불가능하다. 각 팀장도 250건의 팀 사건에 대해 제대로 파악하고 있다고 기대하기 어렵다. 이러한 현실에서는 각 수사관이 사실상 검찰에서 사건을 배당받아 수사하는 주임검사와 같은 역할을 하게 된다. 기소 또는 불기소 여부도 각 수사관에게 달려 있다. 경찰에 1차 수사종결권이 부여됨에 따라 불송치 결정도 각 수사관의 몫이고 불송치 결정서 작성도 각 수사관이 한다. 문제는 각 수사관들이 형사부 검사들처럼 충분한 법률지식을 갖추고 검사 수준의 엄격한 트레이닝을 받았느냐 하는 것이다.

검경수사권 조정 이전에는 검찰의 형사부 검사들이 경찰이 수사한 사건을 기소, 불기소 여부와 상관없이 전부 송치받아 수사했다. 경찰서 과장들이나 팀장들이 챙겨보지 못한 사건들을 형사부 검사들이 배당받아 일일이 챙겼다. 수사에 미진한 점이 있으면 검사가 직접 보완수사를 하기도 했고 경찰에 다시 보완수사를 요청하기도 했다. 검사가 사건 처리를 할 때는 부장검사와 차장검사의 결재를 받고 처리되었고 검사의 공소장 작성이나 불기소장 작성도 도제식으로 엄격한 지도를 받았다.

고소장 제출도 검찰이든 경찰이든 고소인이 임의대로 선택할 수 있었다. 검찰에 고소장을 제출하면 검찰이 직접수사를 하거나 경찰에 수사지휘를 했다. 경찰의 수사 과정에 이의가 있으면 고소인이나 사건 관계자들은 검찰에 진정서를 제출할 수 있었다. 검사는 그 진정서를 통해 경찰 수사 과정에서의 문제점이 무엇인지 파악할 수 있었다. 모든 경찰 수사 사건을 검찰에 송치해야 했기 때문에 수사 누락이나 증거나 법리 판단이 잘못된 경우는 검찰수사 단계에서 얼마든지 잘못된 것을 바르게 잡을 수 있었다.

그런데 2021년 1월 1일부터 시행된 검경수사권 조정 이후에는 검찰의 직접수사가 부패수사, 경제수사 등 6대 범죄로 제한됨에 따라 6대 범죄를 제외한 나머지 범죄의 고소장은 검찰에서 접수하지 못한다. 이후 검수완박법이 통과되면서 검찰의 직접수사가 부패범죄와 경제범죄 2개로 제한되면서 더욱 그 범위는 좁아졌다. 기본적으로 고소장을 경찰에 접수해야 하고 공수처 관할 범죄는 공수처에 따로 고소장을 제출해야 한다. 국민들이 일일이 검찰의 수사관할 사건인지, 경찰의 수사관할 사건인지를 따져 고소장을 제출해야 하는 것이다. 언론 보도에 따르면 사건 폭주로 경찰이 고소장 접수를 거부하는 사례도 있었고 민사소송으로 해결을 종용하는 경우도 있었다.

경찰이 범죄혐의가 없다고 판단해 검사의 '혐의없음' 처분에 해당하는 불송치 결정을 하면 고소인은 경찰에 이의신청을 할 수 있다. 이의신청은 경찰의 무혐의 처분에 대해 불복하는 고소인이 검찰에 다시 검토해 줄 것을 요청하는 절차인데 이의신청된 사건은 검찰에 넘겨진다. 검사는 이의신청의 적정성 여부를 검토하여 직접 보완수사 여부를 결정한다. 보완수사의 필요성이 있다고 판단되면 검사가 직접 보완수사를 하거나 경찰에 보완수사 요청을 한다.

문제는 2022년 5월에 입법된 검수완박법에서 고발인의 이의신청권을 폐지했고, 이의신청 사건에 대한 검사의 보완수사 범위를 '해당 사건과 동일성을 해치지 않는 범위 내'에서만 수사할 수 있도록 제한한 것이다. 독점·불공정 거래에 대한 전속고발권을 가진 공정거래위원회나 대선·총선·지방선거 등을 관리하는 중앙선거관리위원회 등 국가기관조차 경찰의 불송치 결정에 이의를 제기할 수 없게 되었다.

경찰의 1차 수사종결권 도입 이후 형사부 검사의 업무 환경도 대폭 변화되었다. 형사부 검사 업무의 70퍼센트 정도가 고소사건의 불기소 여부 검토와 불기소장을 작성하는 것이다. 경찰의 1차 수사종결권으로 기소하는 사건만 검찰에 송치되니 검사의 불기소 사건 검토와 불기소장 작성 업무가 거의 없어졌다. 검사나 검찰수사관은 그대로인데 종전 업무 부담보다 60~70퍼센트 이상 경감된 것이다. 그 부담은 고스란히 경찰로 넘어갔고 일선 경찰 수사 현장에서 업무 폭주로 수사업무의 심각한 정체 현상이 빚어지고 있는 것도 그 때문이다.

*

이러한 검경수사권 조정과 함께 '한국형 FBI'를 표방하며 2021년 1월 1일 국가수사본부(국수본)가 출범했다. 문재인 정권 검찰개혁의 상징인 검경수사권 조정 1년의 성과는 실망스럽다. 국수본이 출범 1

년을 맞아 보이스피싱과 사기, 강·절도 등 주요 범죄 특별단속을 통해 약 24만 건을 적발하고 19만 명 이상의 범죄자를 검거했다고 홍보했지만, 이는 과거부터 경찰이 일상적으로 해오던 수사활동일 뿐이다. 1차 수사종결권으로 인해 약 46만 명의 국민이 피의자 신분에서 조기에 벗어났다고 했지만, 고소인 등 범죄 피해자는 어떻게 되는 것인가. 사기 등 고소사건은 과거보다 시간도 오래 걸리고 변호사도 이해하기 어려울 정도로 절차가 복잡해졌다.

전해철 행정안전부 장관은 "검경수사권 조정이 제도 안착을 위해 나아가고 있다"고 평가했으나 현실을 모르는 소리다. 국수본의 「책임수사 완수를 위한 사건관리 종합대책」 문건에 의하면, 2021년 평균 사건 처리 기간은 61.9일로 전년 53.2일 대비 8.7일이 증가했고, 1인당 사건 보유 건수도 17.9건으로 지난해 15건에 비해 19.4퍼센트, 최근 3년 평균 대비 25.7퍼센트 증가했다. 사건 적체의 심화뿐 아니라 불송치 결정 문제는 더욱 심각하다. 1년 넘게 수사한 복잡한 고소사건을 불송치 결정하면서도 불송치 결정문은 2~3장에 불과하다. 어떤 근거로 그런 결정을 했는지 변호사도 이해하기 어렵게 부실한 경우가 다반사다.

비영리단체인 장애인권법센터에서 10년째 일하고 있는 김예원 변호사가 고발하고 있는 일선 수사현장의 현실은 무엇을 위한 검경 수사권 조정인지 근본적인 의문을 갖게 한다. 김 변호사는 수사권 조정 이후 지난 1년 동안 한 번도 경험하지 못했던 황당한 일들을 숱

하게 겪었다고 한다. 아무 근거도 없이 고소장을 반려한다거나, 변호사가 고소장을 써갔는데도 증거를 이거밖에 안 가져왔냐면서, 증거를 더 가져와서 고소하라고 하는 경우도 있었다. 경찰이 불송치 결정을 하면서 통지를 해주지도 않았다고 한다. 사건 초기 신속히 이루어져야 할 압수수색도 3개월이 넘도록 진행되지 않았고 뒤늦게 압수수색을 했지만 이미 증거인멸이 이루어진 이후였다고 한다.

기소의견으로 송치한 사건도 문제다. 검찰의 보완수사 요구 비율이 2020년 4.6퍼센트에서 2021년 10.9퍼센트로 두 배 이상 증가했다. 기소의견 송치사건 10건 중 1건꼴로 보완수사 요구가 이루어진 것이다. 그만큼 부실수사가 늘었다는 말이다. 경찰은 수사권 조정 이후 수사절차에서의 정당성과 적절성을 점검한다며 수사심사관–책임수사지도관–경찰사건심사시민위원회로 이어지는 '3중 심사체제'를 도입했다. 경찰 내부에서 수사관이 제대로 수사했는지 점검하는 체제를 갖춘 것이라 한다. 하지만 절차만 복잡하고 실효성은 의문이다.

가뜩이나 수사관이 부족해 수사가 지연되고 있는데 다른 수사관이 수사한 사건이 제대로 수사되었는지 검토하고 점검하는 시스템을 만들면서 경찰 수사의 정체는 더욱 심해졌다. 종전에는 그런 복잡한 절차 없이도 경찰이 검찰에 사건을 송치하면 형사부 검사가 모두 판단했다. 부장검사와 차장검사의 결재까지 거치면서 사건 수사가 제대로 이루어졌는지 이중삼중의 검증 장치가 작동했던 것이다.

허위로 고소한 사건을 적발하는 검찰 무고 인지 건수도 격감했다. 검찰은 고소사건 무혐의 처분을 할 때 반드시 고소인이 허위로 고소한 것이 아닌지 무고 여부 판단을 해야 하고 혐의가 있으면 인지(입건)한다. 2022년 4월 대검이 발표한 통계에 의하면 2020년 검찰의 무고 인지 건수는 670건 698명이었는데, 수사권 조정 이후 2021년 검찰 무고 인지 건수는 194건 201명이었다. 전년 대비 71.1퍼센트 급감한 것이다. 경찰이 1차 수사종결권 행사를 통해 무혐의 결정을 하게 되었으면 검찰과 같이 당연히 무고죄 혐의 여부를 검토하고 수사를 해야 하는데 의무적으로 불송치 사건에 대한 무고판단을 하는 것 같지도 않다. 전국 단위의 정확한 무고 인지 통계도 없다. 완전히 블랙홀에 빠져 버렸다. 무고꾼들의 천국이 되어버릴지 모르겠다.

국수본의 중대범죄수사 실적도 기대에 못 미친다. 2021년 전 국민을 분노케 했던 한국토지주택공사LH 투기 의혹 수사는 1,560명의 대규모 수사 인력이 투입되어 10개월 동안 수사했지만 뚜렷한 성과가 없었다. 대장동 개발비리 사건은 금융정보분석원으로부터 수상한 자금 흐름 첩보를 검찰보다 5개월 먼저 입수하고도 제대로 된 수사를 하지 않아 '뭉개기 의혹'만 키웠을 뿐이다. 그 사이 인천 층간 소음 흉기 살해 사건, 송파구 신변 보호 가족 살인 사건 등 민생치안은 여기저기 구멍이 뚫렸다.

＊

　검찰이든 경찰이든 핵심은 인사권이다. 대통령이 인사권을 내려놓아야 검찰과 경찰의 정치적 중립과 수사의 공정성 확보가 가능하다. 국수본은 경찰청장이 구체적 사건에 관여하지 못하도록 하여 겉으로는 독립된 수사기구인 것처럼 만들었지만 인사의 독립은 전혀 이루어지지 않았다. 대통령이 국가수사본부장을 임명하고 형식적 기구인 국가경찰위원회도 관여하지 못하는 구조로 되어 있다. 경찰청장을 국가경찰위원회의 동의를 받아 행정안전부 장관의 제청으로 국무총리를 거쳐 대통령이 임명할 수 있는 것과 대비된다.

　초대 국가수사본부장에 2018년 8월부터 1년간 문재인 정권 청와대 국정상황실에 파견근무했던 남구준 경남경찰청장이 임명되었다. 현직 대통령의 청와대 국정상황실에 파견근무했던 경력의 인사가 국가수사본부장으로 임명하면 정치적 중립성과 수사의 공정성을 기대하기는 어렵다.

　경찰이 수사권 독립의 모델로 삼은 일본 경찰은 우리보다 훨씬 강화된 정치적 중립과 공정성 보장을 위한 제도적 장치를 갖고 있다. 국가경찰위원회와 유사한 일본 국가공안위원회는 내각총리대신 산하에 설치되어 있다. 우리는 행정안전부 소속이다. 우리는 국가경찰위원을 행정안전부 장관의 제청으로 국무총리를 거쳐 대통령이 임명하지만, 일본은 총리가 참의원과 중의원 양원의 동의를 거쳐 위원장과 5명의 위원을 임명한다. 한국의 국가경찰위원회는 국가경찰사무에 관한 중요 사무를 의결하도록 법에 규정되어 있지만, 실질적인 역할은 찾아보기 어렵다. 일본 국가공안위원회는 경찰청을 국가공안위원회 산하에 두고 경찰청 장관도 국가공안위원회가 총리의 승인을 얻어 임면하도록 실질적인 권한과 감독권을 행사하고 있다.

　무늬만 독립적인 국가수사본부가 의미하는 바는 대통령의 통치 권력으로서의 경찰 권한 강화다. 검찰의 지휘를 받지 않는 독자적 경찰수사권을 이용해 통치권 강화에 활용 가능하다. 물론 그 수단은 인사권이다. 대통령이 인사권을 행사하는 검찰, 경찰, 공수처라는 3개의 '대통령의 칼'을 통해 각 수사기관을 서로 경쟁시키고 견제시키면서 통치 수단으로 활용할 수 있게 된 것이다. 그 과정에서 경찰의 역할이 핵심이다. 문재인 정권 들어 국정원의 국내 정보 관련 기능을 폐지한 이후 대통령과 청와대는 경찰청 정보국이 수집한 경찰 정보에 의존해 국정을 운영했던 것으로 알려져 있다.

　무엇을 위한 검경수사권 조정이었는지 이제 국민들이 물어야 한다. 국민들은 더욱 불편하고 더욱 시간이 많이 걸리며 비용도 더 많이 드는 형사사법시스템을 갖게 되었다. 형사부 검사들이 경찰 사건을 송치받아 수사하고 범죄혐의 유무를 판단해 기소 여부를 결정했던 형사사법시스템은 각 경찰서 수사관들이 주도하는 시스템으로 바뀌었다. 경찰이 수사하고 혐의 유무를 판단해 범죄혐의가 없다고 판단되면 검사의 판단도 받지 않고 종결하는 경찰 주도의 형사사법으로 변해버린 것이다. 그 과정에서 국민은 안중에도 없었다. 범죄 피해자와 고소인이 신속하게 피해를 구제받고 범죄자가 효과적으로 처벌되는 국민을 위한 형사사법이 될 수 있도록 수사 현장에서 발생하고 있는 불편함에 대한 해결책 마련이 시급하다.

'검찰공화국'이라는
허구의 프레임

2022년 4월 5일 국회에서 더불어민주당 의원총회가 열렸다. '검수완박' 논쟁이 2시간 넘게 벌어졌다. 민주당 검찰개혁특위 수사·기소분리 TF 팀장을 지낸 박주민 의원은 검찰의 직접수사 권한을 경찰 국가수사본부 또는 신설될 중수청에 이관하고 검사가 경찰에게 재수사나 보완수사를 할 수 있는 형사소송법 규정을 삭제하는 방안을 제시했다. 박 의원을 비롯한 '검수완박 강경파 그룹 의원'들이 5월 10일, 새 정부 출범 전까지 172석 여당의 힘으로 "현시점에서 검찰의 직접수사권을 우선 빼앗는 것이 중요하다"라고 했다고 한다. 급기야 이들은 4월 12일 저녁, 검수완박을 당론으로 확정했고, 15일 법안을 발의했다.

당연히 새 정부 출범 이후 재개될 것으로 예상되는 검찰의 권력형 비리 수사를 '검수완박'을 핑계로 원천봉쇄하겠다는 '꼼수'다. 명분도 없고 국회 절대 다수의석을 차지하고 있는 집권 여당으로서 무책임한 처사다. 만약 검찰의 직접수사권을 완전히 박탈하는 검수완박 법안을 통과시키려 했다면 대선 전에 벌써 추진했어야 했다. 임기 5년 내내 가만히 있다가 대선에서 패배하자 뒤늦게 국회 다수 의석을 이용해 검찰의 직접수사권을 박탈하겠다는 것은 '입법권을 이용한 국정농단' 외에는 달리 표현할 수 있는 말이 없다.

＊

검찰을 이용한 '보복정치론'도 마찬가지다. 조국 사태 이후 대한민국 검찰은 정상이 아니었다. 조금이라도 권력형 비리 수사를 할라치면 곧바로 인사를 통해 수사검사를 수사팀에서 배제했고 그 자리를 친정권 검사들로 채워 넣었다. 대장동 개발 비리처럼 해야 할 수사는 하지 않고 하지 말아야 할 수사는 혐의가 없음에도 집요하게 반복되었다. '채널A 검언유착' 사건이 대표적이다.

이동재 전 채널A 기자와 한동훈 검사장이 공모해 수감 중인 신라젠 대주주 이철을 상대로 유시민 등 여권 인사 관련 폭로를 강요했다는 내용으로 서울중앙지검이 2020년 4월 수사에 착수했다. 2020년 7월 추미애 법무부 장관이 이 사건에 대한 검찰총장 지휘권을 박탈하는 수사지휘권을 발동했고, 이후 대표적 친정권 검사로 꼽히는 이성윤 서울고검장과 이정수 서울중앙지검장이 전권을 갖고 수사를 해왔다. 그러나 '강요미수' 혐의로 구속기소 된 이동재 기자는 2021년 7월 1심에서 무죄가 선고됐다. 수사팀은 2021년 1월부터 한 검사장을 무혐의 처분하겠다고 11회나 보고했지만 묵살당하다가 12번째인 2022년 4월 6일 이정수 검사장이 결재하면서 무혐의로 마무리되었다.

검찰을 이용한 '보복정치'의 실체가 무엇인지 잘 모르겠다. 범죄가 있으면 수사해 처벌해야 하는 것이 검사의 의무다. 불법 앞에 침묵하고 수사를 하지 않는 검사는 직무유기를 하는 것이고 범죄를 수사해야 하는 검사 앞에 여야도, 좌우도, 진영도 없다. 오직 검사는 수사를 통해 '검은 것은 검다, 흰 것은 희다'라고 범죄혐의 유무를 가려내면 되는 것이다. 범죄혐의가 있어 검사가 수사를 해야 한다면 그 피의자가 대통령이든, 대선 후보든, 현직 국회의원이든 그들을 수사하는 것이 왜 '보복'이고 '정치'인가.

새 정부 출범 후 최우선 과제 중 하나가 검찰의 정상화다. '검찰공화국', '검찰수사를 통한 정치보복'이라는 주장은 부패와 비리세력들이 처벌을 모면하려 만든 허구의 프레임일 뿐이다. 검찰을 이용한 '보복정치'라는 논리 역시 유권무죄有權無罪 무권유죄無權有罪를 정당화하겠다는 의지의 표현일 뿐이다. 검찰의 정당한 수사가 정치적으로 해석되는 것은 검찰을 위해서도 불행하다. 이제 수십 년간 내려

왔던 악순환의 고리를 끊을 때가 되었다. 검찰의 독립을 수호하며 검찰의 수사가 정권의 도구로 이용되지 않도록 검찰 스스로 굳은 의지를 보여야 할 때다.

2022년 3월 25일 서울동부지검이 탈원전 정책 관련 '산업부 블랙리스트 사건'으로 산업통상자원부를 압수수색을 한 것은 늦었지만 바람직하다. 어떤 정치적 외압이 있더라도 권력형 비리의 실체적 진실을 밝혀야 할 검찰이 3년 이상 사건을 방치해 왔던 것은 부끄러운 일이다. '친정권 검사 영전, 정권비리 수사검사 좌천'은 문재인 정권 5년간 부동의 인사 원칙이었지만, 이에 부화뇌동하며 권력형 비리 수사에 눈치를 본 것은 검찰의 직무유기이자 존재 이유를 망각한 것이다. 검사이기를 포기하고 정권비리 방탄수사에 앞장선 자들은 스스로 물러나는 것이 순리이고 반드시 책임을 묻지 않으면 안 된다.

법 앞의 평등은 법이 주권자이고, 그 누구도 법 앞에 예외가 있어서는 안 된다는 공동체의 존립 근거다. 아무리 표를 먹고 사는 정치인들이지만 국가의 미래와 국민은 안중에도 없다. '검수완박'을 외치며 검찰수사를 막겠다는 더불어민주당은 오직 정파적 이해관계만 앞세운 부패와 비리의 수호자가 되겠다는 것인가. 대선이 끝났지만 국회 다수 의석을 무기로 집권 여당 내에서 벌어지고 있는 이해 못 할 행태는 대의민주주의가 완전히 고장 났음을 말해준다. 대선을 통해 확인된 국민의 뜻을 배반하고 극렬 지지자들의 놀이터가 되어버린 더불어민주당의 정치권력 사유화私有化는 헌정 질서와 민주주의를 근본부터 파괴하는 위험신호가 아닐 수 없다.

　한비자는 "법이 역량을 잃는 것은 법이 잘못되었기 때문이 아니라 법을 정해 놓고 꾀를 쓰기 때문"이라고 했다. '엄정공평嚴正公平 불편부당不偏不黨'의 검찰 정신은 어떤 외압에도 흔들리지 말고 권력형 비리와 거악巨惡을 척결하라는 국민의 명령이다. 국가형벌권이라는 막중한 권한을 국민으로부터 위임받아 행사하는 검찰이 공정하게 이를 행사하지 않을 때 그 정당성의 토대가 무너진다. 우리가 법을 따르는 까닭은 그 법과 법집행기관이 공정하다고 믿기 때문이다.

검수완박의
입법쿠데타

2022년 5월 3일은 대한민국 헌법과 법치주의가 문재인 대통령과 집권 여당에 의해 무참하게 짓밟힌 날로 기록될 것이다. 74년 동안 시행되어 오던 검찰제도와 형사사법제도가 불과 한 달 만에 '검수완박'이라는 터무니없는 이유로 더불어민주당과 정의당에 의해 폭력적으로 무너져 버렸다.

검찰은 물론 법원행정처와 대한변호사협회(대한변협), 학계와 실무계의 전문가들이 위헌 소지가 농후하고, 다른 31개 법률과 충돌해 형사사법체계의 대혼란이 불가피하다고 경고했지만 소용이 없었다. 경찰에 과도한 권한이 집중됨에 따른 경찰국가화의 문제, 국민의 인권침해 우려 등에 대한 여론의 비판도 집권 여당의 폭주 앞에 무력했다.

갖은 편법과 꼼수가 동원되었다. 더불어민주당 의원 3명, 국민의 힘 의원 2명, 무소속 의원 1명 등 6명으로 구성되는 국회 법사위 안건조정위원회를 무산시킬 목적으로 더불어민주당 민형배 의원의 위장 탈당이라는 희대의 장면이 연출되었다. 국회 소수당이 다수당의 독주를 막을 수 있게 도입된 국회 본회의의 필리버스터를 저지하기 위해 회기 쪼개기라는 편법 동원도 서슴지 않았다. 문재인 대통령도 임기 내 마지막 국무회의 시간을 오후로 늦추면서까지 5월 3일 오전 국회 본회의를 통과한 검수완박법을 오후 2시 곧바로 공포했다. 퇴임 후 윤석열 정권의 검찰이 자신에 대한 수사를 하지 못하도록 '방탄용 셀프 입법'을 했다는 비판을 자초했고 그 오점을 영원히 역사에 남기고 말았다.

이번 검수완박법은 검찰청법과 형사소송법을 개정해 검찰이 갖고 있던 6대 범죄(부패·경제·공직자·선거·방위사업·대형참사) 수사권을 부패범죄와 경제범죄만 남기고 폐지하는 것을 주된 내용으로 한다. 검찰개혁을 위한 수사·기소권 분리를 명분으로 내세웠지만, 본질은 검찰의 수사 총량을 줄여 문재인 정권의 권력형 비리 수사를 막는 데 있다. 검찰수사권에 대한 시한부 사망선고이자 권력형 부정부패 은폐의 신호탄인 것이다.

대한변협은 "공직자 범죄와 선거범죄에 대한 검찰수사 제한은 부패한 공직자와 힘 있는 정치인들의 보호막이 될 가능성이 높고 권

력형 부패사건에 대한 국가의 수사역량을 크게 약화하는 데 초점이
맞춰져 있다"고 비판했다.

＊

검수완박법의 가장 큰 문제는 위헌 소지가 농후하다는 것이다.
헌법 제12조와 제16조는 체포·구속·압수·수색과 관련한 검사의
영장청구권에 관해 규정하고 있다. 이는 수사의 주체가 검사라는 점
을 헌법이 명시하고 있는 것이며, 영장청구 여부를 결정하기 위한 검
사의 행위 자체가 수사권의 행사다. 이러한 검사의 수사권을 박탈한
검수완박법은 헌법이 부여한 검사의 권한을 정면으로 침해한 것이
어서 위헌임이 명백하다.

경찰 불송치 결정에 대한 고발인의 이의신청권 제한도 문제가 적
지 않다. 장애인 등 사회적 취약계층을 위한 공익적 고발사건 등에
대한 경찰의 위법 부당한 불송치 결정이 있더라도 이를 구제받을 수
있는 길이 봉쇄되어 버렸기 때문이다. 형사사법절차에서의 실체적
진실 발견과 정의 실현의 길은 멀어졌고 범죄 피해자 보호는 심각한
타격이 불가피하게 되었다.

많은 변호사들이 검경수사권 조정 이후 심화되고 있는 수사 지
연과 수사 부실에 대해 고발하고 있다. 6개월 안에 처리될 사건이 1
년이 다 되도록 피해자 조사조차 이루어지지 않고 있고 변호사가 제

출한 고소장도 증거가 불충분하다며 접수를 거부하는 사례도 비일비재하다고 한다. 혐의가 인정되지 않는다며 불송치 결정을 하면서도 고소인에게 통지가 제대로 이루어지지 않고 그 결정 이유도 두세 줄에 불과하여 검찰에 이의신청을 하려 해도 쉽지 않다고 한다. 결국 피해는 변호사의 조력을 제대로 받을 수 없는 돈 없는 서민들에게 집중될 것인데 누구와 무엇을 위한 검수완박인지 묻고 싶다.

수사검사가 공소를 제기할 수 없도록 개정한 검찰청법 규정도 문제다. 부패·경제범죄는 매우 복잡하고 전문적인 분야여서 수사검사가 직접 공판에 관여하는 것이 일반적이다. 수사기록만도 수천, 수만 페이지에 이르는데 공판검사가 기록을 제대로 보기도 어렵고 정확한 사건 파악도 쉽지 않다. 100퍼센트 수사상황을 기록에 전부 담기도 어렵다. 대형 로펌의 호화 변호인단이 포진하고 있는 중대범죄 피의자와 상대하는 검찰로서는 '무기평등의 원칙'이 무력화되는 상황을 맞게 되는 것이다.

국제형사사법공조도 문제다. 2020년 프랑스 항공기 제조기업 에어버스가 외국에 항공기를 판매하면서 리베이트를 지급한 '에어버스 리베이트 사건'은 2016년부터 프랑스의 국가금융검찰PNF, 영국의 중대범죄수사청 SFO, 미국 연방법무부가 국제 공조수사를 통해 전모를 밝혀냈다. 앞으로 검찰이 수사권을 갖지 못할 경우 외국 검찰과의 원활한 국제형사사법공조는 불가능해진다. 외국의 검찰은 절대 경찰과 수사공조를 하는 일이 없다. 한국으로서는 범죄의 세계화 현상에 효과적으로 대처할 수 없고 해외 도피 사범에 대한 수사도 무력해질 수밖에 없는 위기 상황을 맞게 되었다.

검수완박은 국제적으로도 파문을 일으키고 있다. 드라고 코스 OECD 뇌물방지 워킹그룹 의장은 국내 언론과의 인터뷰에서 "전 세계에서 경찰이 중대범죄수사를 개시하고 종결할 권한을 가진 나라를 본 적이 없고, 검찰이 경찰의 범죄수사를 지휘하고 통제하지 않는 것은 있을 수 없다"고 말했다. OECD 회원국으로서 가입 당시 협약의 준수사항을 모두 이행하겠다고 약속을 했기 때문에 검수완박으로 인해 직접 또는 간접적으로 국제적인 제재를 받을 가능성도 배제할 수 없다.

결국 검수완박의 본질은 검찰 폐지다. 그 이유는 수사권이 없는 검찰은 검찰이 아니기 때문이다. 앞서 설명한 대로 검찰제도의 국제 표준인 2000년 유럽평의회 권고 「형사사법제도에서의 검찰의 역할」 제2조는 "모든 형사사법제도에서 검사는 소추를 시작 또는 계속할 것인지 여부를 결정한다"고 규정한다. 수사는 검사가 소추 여부를 결정하기 위한 준비 단계 또는 예비 단계인데, 준비 단계인 수사와 본 절차인 기소는 분리될 수 없기 때문이다. 국민들이 70년 넘게 시행되어 오던 검찰제도 폐지에 동의했는가. 그렇지 않다. 국민들은 수사·기소권 분리라는 허구의 프레임에 현혹되어 검수완박의 본질이 검찰 폐지라는 것을 알지 못하고 있다.

검수완박법은 유신과 5공 군사정권 시절보다 더 권한이 확대되고 수사와 정보가 결합된 거대 경찰권력의 탄생을 의미한다. 이런 경찰을 대통령의 인사권으로 통제하는 현행 체제하에서 언제든 정권의 도구로 기능할 수 있다. 검경수사권 조정 이후 경찰의 수사 지연과 사건 적체로 범죄 피해자 보호에 적신호가 켜졌는데 검수완박법으로 그 현상은 더 심해질 것이다. 범죄자는 환호하고 부패와 금융사기꾼들이 판치는 세상을 개혁이라는 이름으로 미화할 수 없다. 인사제도의 개혁, 수사에 대한 효과적인 사법통제 없이는 위헌적인 법률을 통과시킨 날치기 검수완박은 입법 독재의 민낯일 뿐이다.

2장

공안통치의 먹구름,
고위공직자범죄수사처

"궁금해서 그러는데, 만약 공수처에서 권력 비리를 덮고 넘어가면, 그 사람들에 대한 수사와 기소는 누가 하게 되어 있나요? 아시는 분만 댓글 달아주세요."

−진중권_미학자·논객

"정답은 정권이 바뀌면 그다음 정권의 공수처가 수사합니다."

태어나지 말았어야 할
수사기관

　대공황을 극복하고 제2차 세계대전을 승리로 이끈 미국의 프랭클린 D. 루즈벨트 대통령에게도 법치주의 파괴를 시도한 어두운 역사가 있다. 1936년 11월 루즈벨트는 61퍼센트 득표율을 기록하며 압도적 지지로 재선에 성공했다. 미국 역사상 가장 높은 지지율로 다시 대통령에 당선된 것이다. 그러나 보수 성향 연방대법원이 걸림돌이었다. 1935년과 1936년 그가 의욕적으로 추진하던 뉴딜 정책 관련 법안을 위헌으로 판결했고 이로 인해 루즈벨트 행정부의 많은 정책이 위기를 맞았다.

　1937년 2월 두 번째 임기가 시작된 지 2주 만에 '대법원 재구성 계획court-packing plan'이 발표되었다. 미국 헌법 제3조에 연방대법관

수를 규정하고 있지 않은 허점을 노려 대체로 보수 성향을 가진 70세 이상의 연방대법관 수만큼 뉴딜 관련 정책을 지지할 새로운 연방대법관을 추가로 임명할 수 있도록 연방대법관을 최대 15명으로 늘리는 것이었다. 당시 70세 이상 연방대법관이 6명이었기 때문에 이 안에 따르면 루즈벨트가 6명의 신임 연방대법관을 추가로 임명할 수 있었다.

뉴딜 법안에 사사건건 제동을 걸었던 사법부 장악이 목적이었다. 그 법안이 통과되면 연방대법원은 정치의 전쟁터가 될 것이 뻔했고 그 구성과 임명을 놓고 정치적으로 악용될 위험도 컸다. "연방대법원에 대한 명백한 전쟁 선포", "사실상 독재를 향한 한 걸음"이라는 비난이 쏟아졌다. 루즈벨트의 인기와 권력이 절정에 이르렀고 집권 민주당은 상·하원을 모두 장악하고 있었지만 자제력을 잃지 않았다. 의회는 대통령이 사법부의 독립성을 훼손해선 안 된다는 헌법정신을 지켜내며 결국 법안을 부결시켰고 1937년 7월 폐기되었다. 미국 민주주의 역사의 빛나는 순간 중 하나다.

*

고위공직자범죄수사처(공수처)는 문재인 정권을 비롯한 진보진영의 20년 숙원이다. 고故 노무현 대통령의 2002년 대선공약이었고 문재인 대통령도 『문재인의 운명』에서 두 차례 민정수석을 하면서 공수처를 설치하지 못한 것을 끝내 아쉬움으로 남는 일 중 하나라고 썼다. 2020년 4월 총선에서 더불어민주당이 비례위성정당인 더불어시민당과 함께 180석의 절대 다수의석을 확보한 뒤 같은 해 12월 국회 본회의 첫 안건으로 상정해 통과시킨 것도 공수처법이다.

출범 1년이 넘은 문재인 정권 검찰개혁의 상징, 공수처의 성적표는 처참하다. 입건해 수사한 12건 중 1호 사건인 조희연 서울시 교육감 사건만 검찰에 기소를 요구했을 뿐 나머지 사건은 오리무중이다. 수사기관이 스스로 범죄정보를 수집하여 내사를 거쳐 수사하는 자체 인지수사의 경우 공수처는 한 건의 실적도 없다. 심혈을 기울인 '고발사주 의혹' 사건과 관련해 손준성 전 대검 수사정보정책관에 대한 영장청구도 3전 3패를 기록했다. 공수처 검사 23명과 파견 경찰 32명을 포함한 111명의 수사관이 만들어낸 실적이 이렇다.

수사의 정치적 편향성도 심각하다. 12건 중 4건이 친여 성향 시민단체가 당시 윤석열 국민의힘 대선 후보를 고발한 사건이다. 새 정부 출범을 앞두고 2022년 5월 4일 손준성 검사를 공무상 비밀누설 혐의 등으로 겨우 불구속기소 했지만 뒷맛이 개운하지 않다. 2021년 9월 관련 의혹이 제기된 지 일주일 만에 손준성 검사와 사건 발생 당시 검찰총장이던 윤석열 대통령을 피의자로 전격 입건해 대선 개입 논란을 자초했기 때문이다 '청부 감찰' 의혹도 제기됐다. 대검 감찰부가 '윤석열 전 총장 장모 대응 문건' 의혹을 규명하겠다며 감찰 대상자도 아닌 대검 대변인의 업무용 휴대폰을 임의제출 받아 사용자 동의 없이 포렌식하고 그 직후 공수처가 압수수색을 통해 그 자료를 가져갔다.

*

공수처 운명은 예견되었다. 그것은 몰락이었다. 독립성과 정치적 중립성이 취약한 대통령 직속 정치적 사찰수사기구였기 때문이다. 태어나지 말았어야 할 반헌법적 수사기관이었다. 공수처장은 국회의 후보추천위원회에서 추천한 2명 중 대통령이 임명하고 차장도 대통령이 임명한다. 공수처 인사를 담당하는 인사위원회는 공수처장과 차장, 처장이 위촉한 1명, 여당과 야당 추천 각 2명 등 7명으로 구성된다. 대통령이 임명하는 공수처장이 친정권 인사 5명이 참여하는 인사위원회를 통해 공수처 검사와 수사관 인사를 좌우할 수 있게 했다. 공수처 검사는 검사의 직에 있었던 사람이 50퍼센트를 넘지 못한다. 수사전문가는 배제되고 정치적 중립성이 취약한 가운데 대통령의 인사권으로 통제하는 직속 사찰수사기구로 기능할 수밖에 없는 구조적 문제가 있는 것이다.

공수처는 1996년 참여연대가 부패수사 전담기구로 설치할 것을 입법청원하면서 시작되었다. 고위공직자 비리를 효과적으로 수사하고, 검사만이 법원에 형사사건의 재판을 청구할 수 있는, 검찰 기소독점주의의 폐해와 특별검사제(정치적 중립이 요구되는 사건에 대해 변호사 등을 독립적인 권한을 갖는 특별 검사로 지명하여 수사 및 공소 유지를 담당하게 하는 제도)의 한계를 극복할 수 있는 최고의 검찰개혁 방안으로 논의되어 왔다.

공수처는 홍콩의 반부패수사기구 염정공서ICAC, 싱가포르의 탐오조사국CPIB을 모델로 했지만 입법 단계에서 2018년 3월 신설된 중국 국가감찰위원회 사례가 참고되었다. 유일한 해외 사례인 중국 국가감찰위원회는 국무원 감찰부, 국가예방부패국, 인민검찰원 반부패수사 조직을 통합한 거대 사정기구다. 행정기관, 사법기관과 동일한 지위를 부여받은 국가감찰위원회는 조사, 심문, 구금, 재산동결 및 몰수 권한을 갖는다. OECD 국가 중 우리의 공수처와 같은 수사기구를 둔 나라는 없다. 반부패 수사기구라는 당초 의도는 사라지고 중국식 공안통치체제를 지향하며 정치적 수사기구로 변질된 것이다.

공수처법은 2019년 제정 당시 제안 이유에서 고위공직자의 직무 관련 부정부패를 엄정하게 수사하기 위해 독립된 수사기구를 신설할 필요성이 있다고 밝혔다. 그러나 공수처의 수사대상에는 부패범죄와 무관한 범죄를 다수 포함하고 있다. 형법상 직권남용, 직무유기, 피의사실공표, 공무상 비밀누설, 불법체포감금, 공용서류무효, 공용물파괴, 공문서위조변조, 공전자기록위작, 국가정보원법의 정치관여 및 직권남용, 국회에서의 증언·감정 등에 관한 법률의 국회 위증 등이 모두 포함되었다.

특히 정치자금법의 정치자금 부정수수죄는 정치적 논란의 소지가 크다. 부정한 정치자금 수수는 중대부패범죄임에 틀림없지만 정치적으로 악용될 여지가 있다. 정권의 의중에 따라 공수처가 정치자금 수사를 통해 얼마든지 반대자와 야당을 탄압할 수 있기 때문이다. 야당 국회의원들의 후원자 및 후원금 내역을 공수처가 훤히 들여다볼 수 있고 이를 이용해 정치적으로 악용할 수 있다. 야당 의원을 후원하는 기업에 대한 세무조사 등 불이익을 주는 것도 가능하다. 경우에 따라 여당 내 정치적 경쟁자를 제거하는 수단으로도 이용할 수 있을 것이다.

공수처가 대통령 직속 사찰수사기구라는 성격을 갖게 된 것은 무소불위의 막강한 권한 때문이다. 공수처법 제8조 4항에 따라 공수처 검사는 검사와 군검사의 권한을 함께 행사한다. 수사대상에 직권남용, 직무유기, 공무상 비밀누설, 허위공문서 작성 등이 모두 포함되어 있기 때문에 이들 범죄수사를 이유로 공수처 검사가 국방부와 합참, 각 군 참모본부, 각 군 사령부와 예하 부대를 언제든지 수사할 수 있게 된다. 수사 과정에서 군사기밀 누출 등 국가안보를 위협하는 중대 사태가 올 수도 있다.

공수처의 2022년 예산은 181억 원이다. 이쯤 되면 국민들은 공수처의 존재 이유를 물어야 한다. 1년에 한 건의 인지수사도 하지 못하는 공수처에 왜 그 많은 국민 혈세를 투입해야 하는가. 2022년 3월 대선을 앞두고 야당 대선후보만 집요하게 수사했던 공수처는 우리에게 무엇인가. 허망한 공수처 실험은 이제 끝낼 때가 되었다. '노무현의 꿈'이라는 이유로 정부조직 원리에도 맞지 않고, 전문성도 정치적 중립성도 없는 공수처를 더 이상 유지할 이유가 없다.

법의 지배인가,
법에 의한 지배인가

2021년 1월 28일 헌법재판소(헌재)의 합헌 결정이 있었지만, 공수처가 위헌적 수사기구라는 내 생각에는 지금도 변함이 없다. 공수처는 수사권, 영장청구권, 기소권까지 갖는 실질적인 '제2의 검찰'이기에 검찰과 같이 정부조직법상 법무부 소속 기관으로 설치되어야 했다. 그런데 공수처는 입법, 사법, 행정 어디에도 소속되지 않도록 했다. 게다가 군검사의 권한도 행사하는 막강한 특별수사기구인데 설치 근거 자체가 헌법 어디에도 없다.

이런 사실은 헌법상 권력분립 원칙에 위반된다. 사법부 독립을 침해할 가능성이 농후하다. 수사대상에 국회의장, 대법원장 등이 모두 포함되는데 공수처가 직권남용 등을 빌미로 국회와 사법부를 상시적으로 수사할 수도 있어 대통령과 집권 여당이 공수처 수사를 정치적으로 이용할 가능성을 배제하지 못한다. 판사들에 대한 고소·고발이 남발되는 현실에서 법관의 독립에도 치명적이다.

헌재의 공수처법 합헌 결정문을 출력해서 읽어보았다. 112페이지에 이르는 장문에도 불구하고 검찰제도와 수사권의 본질에 대한 이해가 부족함을 드러냈다고 판단했다. 주요 규정을 각하 처분(행정법에서나 민사소송 등 소가 형식적인 요건을 갖추지 못했을 때 부적법한 것으로 내용에 대한 판단을 하지 않고 소송을 종료하는 일)하면서 위헌 여부 판단을 회피한 것은 헌재가 책임 있는 역할을 보여주지 못했다는 아쉬움을 남겼다.

대표적인 것이 공수처법 제6조 국회의 공수처장 임명 관련 규정이다. 헌법상 국회에 부여된 고위공무원 인사와 관련된 권한은 헌재재판관과 중앙선관위원 선출권 및 대법원장과 대법관, 감사원장 임명 동의권 등이다. 그러나 국회의장의 공수처장 후보추천위원회 구성을 통해 실질적으로 공수처장 임명권을 부여한 것은 헌법상 국회의 권한 범위를 명백히 벗어난다. 7명으로 구성되고 과반수로 의결하는 공수처 인사위원회에 대통령과 집권여당이 4명 이상 임명에 관여하도록 한 것은 정치적 중립성에 위배되고 공정한 수사와 재판을 받을 권리를 침해할 소지가 짙다.

그런데도 헌재는 "공수처법 제6조 7항에 의해 야당이 추천한 추천위원의 거부권이 사실상 박탈됐다고 하더라도 이를 두고 야당 국회의원인 청구인의 법적 지위에 어떤 영향을 미친다고 볼 수 없다"라며 "이에 대한 심판 청구는 기본권 침해 가능성이 인정되지 않아 부적합하다"라고 판시하면서 위헌 여부 판단조차 하지 않은 것은 문제가 있다.

내가 가장 먼저 지적하고 싶은 것은 헌재가 공수처를 독립행정기관으로 전제하고 판단한 점이다. 공수처는 수사권과 기소권을 행사하는 준사법기관인데 첫 단추부터 잘못 끼운 것이다.

*

1789년 프랑스 혁명 이후 대륙법계 검찰제도의 기원이 된 1808년 프랑스 형사소송법의 입법자들은 법치국가의 경찰 수사는 모든 수사 과정에서의 인권 보호와 적법성 보장을 위해 사법관인 수사판사와 검사가 수사를 지휘하고 감독하는 사법의 통제하에 있어야 한다고 생각했다. 그 때문에 수사권을 사법관의 권한으로 만들었고 사법경찰에 위임해 수사하게 한 것이 검사 수사지휘의 배경이다. 범죄 발생 이전의 예방 단계는 행정경찰의 권한으로 행정권이지만, 범죄 발생 이후의 수사 단계는 검사와 사법경찰의 권한으로 사법권의 영역이다.

수사가 사법권의 영역이라는 것은 우리의 경우 갑오경장 때 만들어진 1895년 3월 25일 법률 제1호로 입법된 재판소 구성법부터이다. 재판소 구성법 제39조는 "검사는 기其 직무로 사법경찰에게 명령함을 득함"이라고 규정하면서 '사법경찰'이라는 용어를 사용한다. 수사권은 사법경찰의 권한이고 '사법'이라는 말을 쓴 것은 수사권이 사법권이기 때문에 그때부터 사법경찰이라는 용어를 쓴 것이다. 이것이 1954년 우리 형사소송법 제정 때부터 프랑스와 독일의 형사사법제도를 모방한 일본 제도를 계수하여 내려오고 있는 대륙법계 국가의 일관된 형사사법체계인데 헌재가 이를 간과한 것은 중대한 오류가 아닐 수 없다.

헌법에 근거를 둔 군검찰과 일회성인 특검의 사례를 들면서 헌법상 검사의 영장청구권이 공수처 검사에게도 적용될 수 있다고 판단한 것도 적절치 못했다. 특히 공수처의 독립성, 헌법상 검사의 영장청구권 규정에 대한 판단은 향후 두고두고 논란거리가 될 것이다. 제2, 제3의 공수처를 만들고 영장청구권을 부여해도 문제가 없다는 위험한 선례를 만들었기 때문이다. 헌재 결정 논리대로라면 국회에서 만들겠다는 중수청도 공수처와 마찬가지로 수사권과 영장청구권을 부여한 '제3의 검찰'과 같은 수사기관으로 만들 수 있게 되었다.

＊

공수처법의 독소조항 중 또 하나가 공수처의 검찰에 대한 사건이첩 요구권이다. 검찰이 진행 중인 수사도 이를 이용해 언제든지 정치적 목적으로 중단시킬 수 있다. 공수처법은 다른 수사기관이 고위공직자범죄를 인지할 경우 공수처에 대한 통보 규정도 두고 있다. 사건이첩 요구권과 함께 살아있는 권력에 대한 수사를 사실상 불가능하게 만들어 권력형 비리를 더욱 만연하게 할 가능성이 크다.

또 다른 문제는 군수사기관과 관련된 문제다. 군수사기관인 군검찰, 헌병, 군사안보지원사령부(구 기무사)도 고위공무원이나 장성급 장교에 대한 고위공직자범죄를 인지하면 즉시 통보해야 한다. 공수처가 민간과 군을 망라하여 국가 최고수사기관으로서 검찰과 경찰, 군수사기관을 사실상 지휘통제 할 수 있는 장치가 마련된 것이다.

'특사경'으로 불리는 특별사법경찰과 관련해서도 문제가 있다. '사법경찰관리의 직무를 수행할 자와 그 직무 범위에 관한 법률'은 제한된 직무 범위내에서 해당 기관 공무원에게 수사권을 부여한 특사경에 대해 규정한다. 국가정보원의 대공수사권, 고용노동부 근로감독관의 산업재해 수사, 환경부의 환경범죄단속 등이 그 사례이다. 문제는 공수처법이 '수사기관'에 관해 정의 규정을 두고 있지 않기 때문에 이들 기관이 과연 수사기관인지 논란의 소지가 있다는 점이다. 특별사법경찰권이 부여된 행정기관이라 하더라도 일반적인 수사기관은 아니지만, 특별사법경찰권을 행사하는 범위 내에서는 제한적인 수사기관으로 볼 여지도 있기 때문에 향후 문제가 될 것이다. 입법 정책적으로는 수사기관의 정의를 명확히 했어야 하는데 졸속 입법의 흔적이다.

공수처가 공수처 검사 25명, 공수처 수사관 40명의 작은 규모로 만들어지기 때문에 거대 권력기구로 변질된 위험성이 없다고 하지만 파견규정에 허점이 있다. 공수처법 제10조 2항은 공수처 수사관 정원은 40명 이내로 하고 검찰수사관을 파견받을 경우 공수처 수사관 정원에 포함된다고 규정한다. 문제는 제44조에 공수처에 타 행정기관으로부터 공무원을 파견받을 수 있도록 하면서 정원 제한 규정을 두지 않은 점이다. 경찰은 이에 따라 얼마든지 파견받을 수 있다. 필요에 따라 경찰수사관을 대규모로 파견받고 국세청, 금감원 등 직원을 파견받아 운영하면 순식간에 대규모 수사기관으로 변모된다.

반면 막강한 공수처 권한에 비해 이를 통제할 수 있는 제도적 장치는 미흡하다. 문재인 정권 내내 문제가 되었던 법무부 장관의 검사인사권, 수사지휘권, 감찰권 발동은 선출된 권력의 민주적인 검찰 통제장치로서 정당하다는 것이 법무부 입장이었다. 그렇다면 '제2의 검찰'인 공수처에도 검찰과 동일한 민주적 통제장치가 적용되어야 하는데 전혀 없는 이유는 무엇인가.

공수처가 정권의 의도에 따라 수사권을 행사하는 경우도 문제지만 수사를 하지 않는 경우도 문제다. 정권 비리 관련 수사를 하는 검찰에 사건이첩 요구권을 행사하여 사건을 넘겨받은 뒤 수사를 하지 않고 뭉개며 정권의 방패막이 역할을 하더라도 이를 통제할 방법이 없다. 검찰을 무력화시키고 공수처와 독립된 경찰에 권한을 집중시킨 것은 중국식 공안통치로 가기 위한 수순이었다. 특히 정보와 수사가 결합된 단일한 국가경찰체제가 불러올 위험성은 참여연대와 민변 등에서도 심각한 우려를 밝힌 바 있다.

2020년 12월 더불어민주당은 공수처법을 강행 처리했다. 이 입법은 법치주의를 훼손한 헌정사의 오점으로 기록되어야 한다고 생각한다. 법치주의의 본질은 국가권력에 제한을 두는 것이다. 프랜시스 후쿠야마는 "법치주의가 적절히 기능하려면 제도와 절차만큼 규범적 문제도 중요하다. 국민들이 법을 따르는 까닭은 그 법이 근본적으로 공정하다고 믿기 때문이며 그것을 따르자는 의식이 내재화되어 있기 때문이다"라고 했다.

통치자가 주권자가 아니며 법이 주권자이고, 통치자는 법에 따라 정당하게 권력을 확보한 한에서만 정당성을 갖는다. 국회의 입법권 행사도 헌법에 합치되는 합헌적 입법권 행사일 때만 유효하고 정당성을 갖는다. 더불어민주당의 공수처법 강행처리는 민주적 정당성을 등에 업은 정치권력이 헌법적 견제 시스템을 무력화하고 법치주의를 훼손한 것이다. "입법부의 권한은 특정 목적을 달성하기 위한 신탁적 권한일 뿐, 입법부의 활동이 그들에게 위임된 책임에 반하는 경우 입법권자를 변경하거나 그 권한을 박탈할 최고 권력은 여전히 국민에게 있다"라는 존 로크의 말도 곱씹어보아야 할 것이다.

존재 이유를
물어야 했던 시간

2020년 4월 총선에서 대승한 더불어민주당이 같은 해 12월 국회 본회의 첫 안건으로 통과시켜 만든 공수처 1년의 성적표는 초라하다. 출범 초기부터 각종 구설수에 시달렸고 공수처가 입건해 수사 중인 12건 중 4건이 당시 야당 대선 후보였던 윤석열 전 검찰총장 관련 사건이어서 논란이 끊이지 않았다. 친여 성향 시민단체 고발을 근거로 과거 검찰에서 무혐의 처분한 판사 사찰 문건 의혹 등 4건이 그것이다.

"야당 후보만을 표적 수사하는 '윤석열 수사처'로 정치영업을 하고 있다"(김기현 국민의힘 원내대표), "더불어민주당과 공수처는 협업 관계"(김웅 국민의힘 의원)라는 반발을 불러오기도 했다. 취임식에서 김진욱 공수처장은 정치적 중립성에 대한 외부의 우려에 대해 "여당 편도 야당 편도 아닌 오로지 국민 편만 들겠다"라고 했지만, 출범 이후 행동은 딴판이었고 내내 정치적 편향성 논란에서 벗어나지 못했다.

이성윤 당시 서울중앙지검장에 대한 '황제 조사'가 논란의 시작이었다. 김학의 전 차관 불법출금 사건의 피의자였던 이성윤 검사장을 2021년 3월 7일 일요일에 소환 조사하면서 김진욱 공수처장의 관용차에 태워 청사로 들어오게 한 것이 문제였다. 김진욱 처장과 여운국 차장 등이 이례적인 면담조사를 하면서 관련 조서와 출입기록조차 남기지 않았는데 해당 장면이 촬영된 CCTV 영상까지 언론에 공개되면서 '황제 조사' 논란을 자초했다.

*

'고발사주 의혹' 사건의 손준성 전 대검 수사정보정책관 수사는 과잉수사의 전형이었다. 세 차례에 걸친 체포영장과 구속영장이 법원에 의해 모두 기각당했다. 손준성 검사에 대한 2차 구속영장을 기각하면서 법원은 "방어권 보장이 필요한 것으로 보이는 반면 구속 사유와 필요성·상당성에 대한 소명이 충분하지 않다"고 이유를 밝혔다.

손준성 검사에 대한 구속 전 피의자신문 영장심사에서 판사가

"누가 고발장 작성자라는 것이냐?"라고 물었지만, 영장심사에 출석한 여운국 공수처 차장을 비롯한 공수처 검사들은 "임모 검사인 것 같다", "수사정보정책관실 내 검사나 수사관", "특정이 어렵다" 등으로 대답을 제대로 못하여 판사의 질책을 받기도 했다. 결국 여운국 차장이 "저희는 임모 검사가 작성하고 성모 검사가 감수한 것으로 의견을 정리하겠다"라고 답변했지만 이를 뒷받침하는 물증이나 진술 제시는 하지 못했다. 게다가 여운국 차장이 "우리 공수처는 아마추어다. 10년 이상 특별수사를 한 손 검사와 변호인이 아마추어인 공수처 수사를 방해하고 있다"며 구속 수사의 필요성을 주장했다는 어처구니없는 보도까지 있었다.

앞서 공수처는 2020년 10월 26일 손 검사에 대해 첫 구속영장을 청구했으나 기각당한 바가 있었다. 문제는 그 구속영장 청구가 출석에 불응한다는 이유로 공수처가 청구한 체포영장이 기각된 지 3일 만에 이루어졌다는 것이다. 수사 실무에서는 거의 없는 매우 이례적인 구속영장 청구였다. 이 사건으로 대한변협은 "체포영장이 기각된 피의자에 대해 이례적으로 곧바로 구속영장을 청구한 공수처에 유감을 표한다"라는 성명까지 발표하기까지 했다. 손 검사 측은 이러한 일련의 사태에 대한 책임을 물어 '수사 과정에서 인권침해를 당했다'라며 국가인권위원회에 여운국 차장 등 4명을 상대로 진정서를 제출했다. '인권 친화적 수사기관'을 표방한 공수처가 수사 과정에서 기본권 침해 논란을 일으킨 장면이었다.

각종 사건의 압수수색 과정에서 여러 차례 위법 논란에 휩쓸린 것도 이해할 수 없는 것이었다. '이성윤 고검장 공소장 유출 의혹'과 관련해 대검 서버를 압수하는 과정에서 대상자가 절차를 문제 삼자 현장에 있던 공수처 검사는 "그럼 압수수색을 안 한 걸로 하자"고 한 황당한 일도 벌어졌다. '고발사주' 의혹의 경우 김웅 의원실 압수수색에 대해 법원이 "위법성이 중대하다"며 김 의원 측이 제기한 준항고를 받아들여 효력이 취소되기도 했다.

＊

민간인 사찰, 언론 사찰 논란을 불러온 공수처의 통신 조회가 불러온 사회적 파장은 엄청났다. 전 세계 120개국 언론인이 참여하고 있는 국제언론인협회IPI는 2022년 1월 25일, 공수처가 120명이 넘는 기자들과 그 가족들에 대해 통신자료 조회를 한 사실을 비판하며 공수처의 해명과 철저한 조사를 촉구하는 성명을 발표했다. "언론 자유를 침해하고 취재원의 익명성을 위협하는 조치로서 내부고발자 등 취재원의 신원을 보호하고 국가 감시로부터 자유롭게 일할 수 있는 언론인의 권리를 명백히 훼손했다"라는 이유였다.

문재인 대통령이 2022년 신년사에서 "세계가 인정하는 민주주의 국가 대열에 합류하는 더욱 성숙한 민주주의로 나아갔다"고 평가했지만, 무차별적인 언론 사찰, 민간인 사찰 논란을 불러일으킨 공수처의 통신 조회 사태는 언론의 자유와 민주주의를 정면으로 위협하는 중대 사태가 아닐 수 없었다. 공수처는 이성윤 당시 서울중앙지검장에 대한 '황제 조사' 의혹을 보도한 〈TV조선〉 기자 1명을 상대로 4차례의 통신영장을 청구하는 등 기자들을 상대로 모두 7차례 통신영장을 청구한 것으로 밝혀졌다.

> "공수처가 맡은 사건과 수사의 특성상 피의자 등 사건관계인과의 통신 상대방이 누구인지 확인하기 위해 기자 등 일반인의 통신자료(가입자 정보) 확인이 불가피했다."

공수처는 재빨리 이렇게 해명했다. 하지만 이마저도 사실과 달랐다. 공수처 수사대상이 아니어서 수사권이 없는 기자 신분이라는 사실을 공수처는 이미 통신사실 조회를 통해 확인한 상태였다. 그럼에도 통신영장까지 청구해 직권남용과 불법성 논란을 자초했다. 〈TV조선〉이 입수해 보도한 CCTV 영상은 공공기관이 아닌 개인소유였고 공무상 비밀누설 등의 소지가 없었다. 그러나 대법원이 전주혜 의원실에 제출한 자료에 의하면 공수처는 〈TV조선〉 기자에 대해 2021년 6월 23일, 6월 24일, 6월 25일 등 3일 연속 통신영장을 청구했고 이미 두 차례나 통신영장을 발부받았음에도 한 달 뒤인 지난해 7월 27일 또다시 통신영장을 청구한 것으로 나타났다.

'이성윤 고검장 공소장' 내용을 보도한 〈중앙일보〉 기자의 경우도 공무상 비밀누설죄는 비밀을 누설한 공무원만 처벌할 뿐 누설의 상대방은 처벌할 수 없다는 대법원 판례에 따라 공무상 비밀누설죄가 성립되지 않는 사안이었다. 누가 보아도 수사와 무관한 공수처의 언론에 대한 보복 수사라는 의심을 떨칠 수 없는 대목이었다.

공수처의 통신자료 제공 요청은 무차별적이었다. 국민의힘 의원 93명, 윤석열 국민의힘 대선 후보 부부, 윤 후보 팬클럽인 네이버 카페 '22C 대한민국과 윤석열'의 가정주부 회원 6명, 오세훈 서울시장, 김종인 전 총괄선대위원장, 30여 개 언론사의 기자 180여 명과 가족 10여 명, 한국형사소송법학회 회원 20여 명, 한동훈 검사장 가족, 김학의 불법 출국금지 공익신고인 장준희 부장검사 등 총 350여 명을 대상으로 470여 건의 통신자료를 조회한 것으로 확인되었다.

공수처의 여운국 차장, 인사위원 등 공수처 내부인사도 통신 조회 대상에 포함됐고, 2022년 초에는 〈중앙일보〉 편집국 카카오톡 단체대화방 참여자 정보와 로그 기록(대화시간) 등을 들여다본 사실도 확인됐다. 국내 최대의 온라인 커뮤니티로 알려진 '디시인사이드' 회원인 고등학생의 통신자료도 조회했다. 국민의힘 갤러리(게시판)에 수차례 글을 남기는 등 활동한 전력이 있어 공수처가 야당 관련 동향을 살피는 과정에서 디시인사이드 국민의힘 갤러리를 들여다봤고, 그곳에서 활동해온 고등학생의 통신자료를 조회한 것이 아니냐는 논란에 휩싸이기도 했다.

"민간인 사찰 DNA가 없다."

더불어민주당 의원이 된 김의겸 전 청와대 대변인의 말이다. 그가 몸담았던 문재인 정권에서 벌어진 공수처의 언론 사찰 논란, 민간인 사찰 논란은 기본적 인권의식의 부재, 보복 수사라는 비판을 스스로 자초한 측면이 크다.

"공수처는 수사의 기본도 모르는 조직이고 고위공직자 비리 척결이 아니라 여권이 주문하는 하청수사기관으로 전락했다."

한 법조인의 지적이다. 이처럼 정치적 중립성도, 전문성과 수사 역량도 없었던 공수처. 국민들에게 지난 1년은 공수처의 존재 이유를 물어야 했던 시간이었다.

공수처 폐지,
새로운 특별수사기구로 재편

　공수처가 출범 1년 만에 존폐의 기로에 서게 된 원인은 무엇인가. 처음부터 '잘못된 설계'때문이라는 지적도 있고 검찰개혁이라는 명분에 과도하게 사로잡혀 수사기관의 본질인 '수사역량'은 뒷전으로 밀렸다는 비판도 적지 않다. 〈서울신문〉에서 조사한 공수처 검사 23명의 이력을 보면 평균 검찰수사 경력은 2.2년에 불과했다. 검찰 경력 10년 이상인 공수처 검사는 김성문(17년) 수사2부장, 예상균(13년) 검사 두 명뿐이었다. 부장급 이상 지휘부 중 수사업무 경험자는 김성문 부장이 유일했다.

　김진욱 공수처장은 판사 출신이다. 1995년 판사로 임관한 뒤 사직하고 김앤장에서 변호사 생활을 하다가 1999년 조폐공사 파업유도 사건 특검팀에서 짧게 수사를 경험한 뒤 헌법재판소 연구관으로 근무하다가 공수처장에 임명되었다. 여운국 차장도 서울고등법원 판사 출신으로 퇴직 후 변호사로 근무하다 공수처에 합류했다. 공수처장과 2인자인 차장을 모두 수사 경험이 없는 판사 출신으로 임명한 것이 불행의 시작이었다.

공수처법은 검찰 출신이 공수처 검사 정원 25명의 절반을 넘지 못하도록 규정하고 있다. 검찰 견제가 목적인 만큼 검사 출신을 최소화해야 한다는 명분이 크게 작용했을 것이다. 그나마 검찰 출신 공수처 검사는 법이 정한 한도의 절반에도 못 미치는 5명에 그쳤다. 굳이 검사를 포기하고 공수처 검사로 옮길 합당한 이유가 없었기 때문이다.

'수사능력 없는 공수처' 탄생의 일등 공신은 더불어민주당이다. 검찰 출신을 배제하려고 무리하면서 자격요건을 지나치게 완화했기 때문이다. 원안에는 공수처 검사 자격을 '변호사 자격 10년 이상 및 재판·수사 등 조사 실무 5년 이상'으로 규정되어 있었다. 그러나 더불어민주당 주도의 안건조정위원회에서 만든 개정안에서 '변호사 자격 7년 이상'으로 완화했고 재판과 수사 실무 경력 조건은 삭제해버렸다.

공수처법 자체가 공수처 검사에게 아무런 수사 경력을 요구하지 않았으니 '초보운전 공수처'의 탄생은 이미 예견된 결과였다. 공수처의 수사 실무 4주 교육이 있었지만 매월 200~300건씩 사건을 처리하며 10년~20년 이상 수사 경험을 쌓은 검사들과는 애초부터 비교 대상이 아니었다.

수사는 고도의 전문화된 영역이다. 실전 경험이 절대적으로 중요하고 동물적 감각이 발휘되어야 한다. 순간순간 마주치는 수많은 난관을 돌파해 가며 수사를 성공시키는 과정은 하나의 예술작품이라 해도 과언이 아니다. 같은 검사라도 특수, 공안 등 각 분야가 전문화되어 있어 특수수사 경험이 많은 검사 출신이 주축을 이루었어야 했다. 검찰 특수수사도 제대로 성과를 만들어내려면 해당 분야의 베테랑 검사와 수사관으로 수사팀이 구성되지 않으면 안 된다.

선배 검사들로부터 전수 받은 수사기법과 노하우는 결코 교과서에는 나오지 않는 것이다. 사건의 본질과 핵심을 꿰뚫어 보는 안목은 하루아침에 만들어지는 것이 아니다. 공수처는 부장검사 정원을 7명으로 늘리고 그중 2명을 수사기획관과 사건조사 분석관을 맡도록 자구책을 강구하고 있다. 그러나 수사를 조금이라도 제대로 해본 검사 출신이라면 본질과 동떨어진 헛발질이라는 것을 쉽게 알 수 있다.

공수처 내부에서는 '시간이 필요하다'고 호소한다. "수사력이라는 것은 현장에서 경험이 쌓이면서 생기는 것"이라 변명하지만, 수사능력도, 의지도 없는 공수처에 무작정 시간이 주어진다고 획기적인 변화가 생길 것 같지는 않다. 공수처는 태어나서는 안 될 위헌적 수사기구였다. 그러나 굳이 출범을 시켰어야 했다면 특수수사 경험이 많은 검사장 출신을 공수처장으로 임명하고 차장 이하 공수처 검사도 충분히 수사 경험을 갖춘 검사 출신 중심으로 선발했어야 했다.

초대 공수처장 후보로는 모두 11명의 후보가 여당과 야당, 법원, 법무부, 대한변협에서 추천되었다. 김경수 변호사는 자타가 공인하는 대표적인 특수통 검사장 출신이다. 석동현, 한명관 변호사도 실력과 인품을 겸비한 법조계의 신망 높은 검사장 출신이다. 최종 후보 2인으로 추천되었던 이건리 변호사는 검사장과 국민권익위원회 부위원장 출신으로 오랜 수사와 검찰행정 경험을 갖춘 적임자였다.

문재인 대통령의 최종 선택은 김진욱 공수처장이었다. 11명의 공수처장 후보 중 검찰 출신 7명을 마다하고 수사 경험과 조직운영 경험이 전혀 없는 김진욱 헌법재판소 연구관을 공수처장으로 최종 낙점한 문재인 대통령이 공수처를 이 지경으로 만든 장본인이다.

＊

공수처의 대안은 얼마든지 가능하다. 검사의 지휘를 받는 법무부 소속 특별수사기구로 만들면 된다. 때마침 2022년 4월 22일 여야 합의로 중대범죄수사청 신설 방안을 논의하기로 했으니 공수처의 통폐합 문제도 그와 함께 이루어질 수 있을 것이다. 법무부 산하 특별수사기구로 만들면 헌법과 정부조직원리에 위배되지도 않고 검찰

권한의 분산이라는 검찰개혁의 목표도 달성할 수 있다. 다만, 법무부 산하 특별수사기구의 설치, 공수처 폐지는 검찰과 경찰을 아우르는 특별수사기구의 전면적 재편 차원에서 이루어지는 것이 중요하다는 점을 각별히 유의해야 한다.

공수처를 폐지하면서 검찰과 경찰의 직접수사 기능을 통합해 법무부 산하에 특별수사기구로 만든다면 검경수사권 조정도 전면 재검토되어야 한다. 검찰은 직접수사 기능을 원칙적으로 폐지하면서 경찰과 특별수사기구에 대해 실효적인 수사지휘와 수사 과정에서의 인권침해와 위법수사 여부를 감독하는 사법통제를 하는 준사법기관으로 개편한다. 경찰은 일반수사, 법무부 산하 특별수사기구는 중요한 대형범죄의 인지수사를 담당하게 해, 검찰·경찰·특별수사기구가 3각 구도로 정립하는 방안이다. 대륙법계 형사사법체계에 가장 부합하는 수사구조이고 어느 한 기관에 권력이 독점되지 않는 수사체제가 될 수 있다.

법무부 산하에 중대범죄수사청과 같이 단일의 특별수사기구로 만들 경우 지나친 수사권 집중이 문제 될 우려도 있다. 그 경우 반부패수사청, 금융경제범죄수사청, 대테러공안수사청 등 각 분야별로 독립된 특별수사기구로 만드는 방안도 대안으로 검토할 수도 있을 것이다. 미국도 연방수사국FBI, 마약범죄수사국DEA, 증권범죄를 수사하는 연방증권위원회SEC 등으로 분산되어 있고, 영국도 국가범죄수사청NCA, 중대범죄수사청SFO 등 특별수사기구가 분산되어 설치되어 있다.

그러나 더불어민주당이 검수완박법 통과 이후 신설하기로 결정한 중수청 설치 방안은 검찰의 수사지휘와 사법통제 장치의 보완 없이는 추진되어서는 안 된다. 가장 큰 문제는 중수청 수사에 대한 효과적인 사법통제 시스템이 없는 것이다. 더불어민주당의 중수청 신설 방안은 영국의 중대범죄수사청을 모델로 한 것으로 보이는데 우리의 경우와 비교 대상이 될 수 없다. 우리나라와 프랑스, 독일 등에서 채택하고 있는 대륙법계 형사사법제도와 미국과 영국 등의 영미법계 형사사법제도는 축구와 야구만큼이나 전혀 다른 것이다. 이를 동일한 평면에 두고 비교하는 것은 적절하지 않다. 미국과 영국의 검사와 프랑스, 독일, 우리나라의 검사는 이름만 같을 뿐 본질과 권한은 전혀 별개의 것이다.

가장 근본적 차이는 국가가 피해자를 대신해 범죄자를 수사하고 처벌한다는 '국가형벌권' 개념의 존재 여부다. 대륙법계는 국가형벌권 개념을 전제하고 있는 데 반해 영미법계는 국가형벌권이라는 개념이 없다. 대륙법계는 국가형벌권을 전제로 범죄는 개인 간의 불법행위임과 동시에 국가 법질서 위반행위로 간주한다. 반면, 영미법계는 국가형벌권이라는 개념이 없이 사인소추私人訴追(국가기관이 아닌 개인이 행하는 형사소송. 우리나라는 이를 인정하지 않으며, 국가 소추주의를 적용함)를 기본으로 하면서 형사재판도 민사재판과 마찬가지로 개인과 개인 간의 분쟁이라는 이념적 토대에 기초하고 있는 것이다.

*

　경찰이 수십 년간 수사권 독립론을 주장하면서 끼친 가장 심각한 폐해가 대륙법계 형사사법제도와 영미법계 형사사법제도를 구분하지 않은 채, 개념과 논리 체계를 뒤죽박죽으로 만들어 놓은 것이다. 경찰에 유리한 것만 일관된 체계 없이 선택적으로 "선진 외국의 검찰과 경찰 관계는 이렇다"라는 식으로 주장하며 여론을 호도해 왔다. OECD 국가들이나 유럽평의회 국가들의 검경 관계에 대해서도 곧바로 인터넷으로 확인할 수 있는 기초 자료조차 왜곡하는 잘못을 서슴지 않았다.

　그 결과 국내 주요 언론조차 '수사·기소권 분리'가 당연한 것처럼 받아들이면서 검찰개혁과 형사사법개혁 논의가 정상 궤도를 이탈하게 만들었다. 2022년 5월 새 정부 출범 이후 공수처 폐지를 포함해 형사사법체계의 전면적인 개혁이 논의될 수밖에 없지만, 경찰이 왜곡해 왔던 제도적 오류는 반드시 밝히고 바로잡지 않으면 안 된다.

　수사·기소권 분리와 공수처 신설은 검찰제도와 형사사법제도에 대한 기본적 이해 부족의 산물이다. 앞서 여러 차례 강조했듯이 수사·기소권 분리가 아니라 '직접수사와 수사지휘 및 통제권의 분리'가 맞다. 프랑스와 독일 등 대륙법계 검찰제도의 기본적 구조로서 사법경찰의 직접수사에 대해 수사지휘 및 통제권을 가진 검사가 이를 지휘하면서 인권침해를 방지하고 수사 과정에서의 위법 요소를 예방하는 방식이다.

대신 검사는 자체 수사 인력이 없이 사법경찰을 지휘해 수사한다. 사법경찰은 우리의 경찰처럼 단일한 수사기구일 수도 있고 반부패수사청, 마약수사청 등 복수의 수사기구를 만들 수도 있다. 국회의장 중재안에 포함된 중수청도 사법경찰기구로 만들어 검사의 지휘와 감독을 받도록 하지 않으면 안 된다. 이렇게 되면 일반사법경찰인 경찰이나 검찰수사관, 중수청 수사관, 특별사법경찰인 근로감독관, 환경단속 공무원 등을 검사가 통일적으로 모두 지휘하고 통제할 수 있다. 사법경찰제도의 본질에도 부합하고 프랑스, 독일 등 모든 대륙법계 국가가 이런 방식이다.

내사를 포함해 수사의 착수 단계부터 수사 진행, 종결에 이르기까지 수사의 전 과정 동안 직접수사를 담당하는 경찰이나 중대범죄수사청의 수사를 검사가 지휘하고 감독한다. 이렇게 되면 검찰은 직접수사권이 없어서, 경찰이나 중수청은 검사의 지휘와 통제를 받아 직접수사를 해야 하기 때문에 검찰이나 경찰, 중수청 어느 한 수사기관도 수사권을 남용할 수 없다. 경찰수사권 조정 논의 때 늘 경찰이 주장했던 수사기관 상호 간 견제와 균형도 이런 방식으로 수사구조를 재편할 때만 가능하다. 검사의 수사지휘와 통제로 인해 수사 과정에서의 인권침해 위험성을 최소화할 수 있게 되는 것은 물론이다.

공수처를 포함한 특별수사체계의 전면 개편도 이러한 구조에서 고민해야 한다. 검사의 수사지휘와 통제 시스템이 없는 가운데 검찰의 직접수사권만 박탈하고 경찰, 공수처, 중수청 등 다수의 수사기관을 만들어 놓으면 통제받지 않는 수사기관이 난립하는 결과가 되고 그 피해는 국민들에게 직접 미칠 수밖에 없다. 각 수사기관의 수사권 남용이나 수사 과정에서의 인권침해나 위법수사를 적절히 제어할 수 없게 되는 것이다. 지난 74년 동안 내려오던 형사사법제도는 부족한 점이 많았지만 그나마 남아 있던 순기능조차 근간이 무너져서는 안 된다.

그러나 검찰의 원칙적인 직접수사권 폐지와 그와 동시에 경찰수사가 검사의 지휘를 받는, 그것도 종전보다 훨씬 강화된 실효적 수사지휘를 받는 체제로 가는 것이 이상적이겠지만 이는 제도의 문제를 넘어 정치적 문제다. 검찰은 검찰대로 직접수사권을 쉽게 포기하지 않을 것이고 경찰은 검경수사권 조정으로 확보한 독자적 수사권의 원상회복에 반대할 것이 분명하다.

국가수사본부 1년간 변변한 권력형 비리 수사 실적이 없는 상황에서 권력형 비리와 거대 범죄에 대한 국가적 차원의 대응능력을 높이려면 검찰의 직접수사권을 과거처럼 원상회복 시키는 것 외에 다른 대안은 없는 것 아닌가. 그렇다면 검경 수사가 병존적으로 이루어질 수밖에 없는 현실적 문제를 고려할 때 검찰과 경찰이 협력하고 역할을 분담하여 효율적인 수사체계를 정립해 나가는 것이 최선일

지도 모른다. 유럽연합의 국가 간 형사협력기구인 유럽형사사법협력기구Eurojust나 유럽경찰기구Europol의 협력체계가 하나의 벤치마킹 모델이 될 수 있을 것이다.

권력의 도구가 된
법무부 장관의 수사지휘권

문재인 대통령이 2019년 3월 18일 박상기 법무부 장관과 김부겸 행정안전부 장관을 청와대로 불렀다. 김학의 전 차관 사건에 대해 "검경 지도부가 조직의 명운을 걸고 철저히 진상을 규명하라"라고 지시하기 위함이었다. 5년 전 무혐의로 종결된 사건을 대통령이 직접 끄집어냈고 공소시효를 무시하라는 상식 밖의 말까지 했다. 버닝썬 사건에서 '경찰총장'으로 불리던 청와대 민정수석실 출신 경찰 간부 연루 사실이 드러나 청와대가 곤경에 빠져 있을 때였다.

이미 세 차례 수사를 한 검찰이었지만 대통령의 지시로 김 전 차관의 별장 성접대 의혹 사건에 대해 두 달간 156회의 관계자 소환, 서면조사를 했다. 대통령기록관, 대검찰청, 경찰청, 서울중앙지검을 압수수색 했으나 특수강간 혐의를 입증하지 못했다. 이 사건을 다룬 대검 과거사 진상조사단은 '사건 조작단' 수준이었다. 조사단 소속 이규원 검사는 수사보고서를 완전히 날조했다. 김 전 차관 출국을 막기 위해 사건번호까지 조작했다. 문 대통령이 지시한 기무사 계엄령 문건 사건도 수많은 사람들만 괴롭히고 사실무근으로 끝났다. 유례없는 대통령의 수사지휘권 발동이었다.

대선이 끝났는데도 박범계 법무부 장관이 사상 5번째 수사지휘권 발동을 검토하다가 철회했다는 뉴스가 있었다. 2022년 4월 1일의 일이다. 서울중앙지검에서 2년 넘게 수사 중인 한동훈 검사장에 대한 '채널A 검언유착' 사건을 종결하지 않도록 검찰총장에게 지휘권을 발동하려다가 직권남용 소지까지 거론되자 철회한 것으로 전해졌다. 별다른 혐의점을 찾아내지 못해 종결할 사건이었지만 한 검사장을 피의자로 묶어 놓아 새 정부 출범 이후에도 일선 검사장으로 복귀하지 못하도록 하기 위한 조치였다는 언론 보도까지 있었다.

법무부 장관의 구체적 사건에 대한 지휘권은 1949년 검찰청법 제정 당시부터 있었다. 그러나 2005년 참여정부 때 천정배 장관의 강정구 동국대 교수 국가보안법 사건 불구속 지휘 외에는 한 번도 발동된 적이 없었다가 문재인 정권 들어 3차례나 발동되는 신기록을 세웠다.

시작은 더불어민주당 대표 출신인 국회의원 5선의 추미애 법무부 장관이었다. 2020년 1월 이동재 전 채널A 기자의 강요미수 의혹

수사를 두고 윤석열 당시 검찰총장이 전문수사자문단을 소집하려 하자 추 장관은 "절차를 중단하고 수사의 독립성을 보장하라"라며 수사지휘를 했다. 같은 해 10월 추미애 장관의 수사지휘권이 다시 발동됐다. 라임자산운용 펀드 환매중단 사태와 관련해 "윤석열 총장은 윤 총장 가족 연루 의혹에 대한 수사지휘에서 빠지라"며 지휘한 것이다.

2021년 3월에는 더불어민주당 의원인 박범계 법무부 장관이 한명숙 전 총리 수사팀에 대한 감찰과 관련하여 "검찰의 무혐의 처분을 재고하라"고 수사지휘권을 발동했다. 대법원 전원합의체에서 유죄 확정판결을 받고 복역까지 마친, 오로지 친여 운동권의 대모代母 '한명숙 전 총리 구하기'를 위한 수사지휘권 발동이었다.

문재인 대통령의 김학의 전 차관 사건 수사지시나 기무사 계엄령 문건 수사지시는 명백한 불법이다. 검찰청법이나 형사소송법 어디에도 대통령이 구체적 사건에 관해 법무부 장관이나 행정안전부 장관을 지휘할 수 있다는 근거가 없다.

법률에 근거가 없는 대통령의 수사지시는 말할 것도 없고 법무부 장관의 지휘권 발동의 문제가 심각한 것은 검사 인사권자이기 때문이다. 인사권자인 대통령과 법무부 장관이 수사지휘권을 발동할 때 거부할 수 있는 검사는 아무도 없다. 수사의 공정성과 정치적 중립성이 정면으로 훼손될 수밖에 없는 이유다.

*

　'윤석열 총장 찍어내기'를 위한 정치적 이유 때문이었던 추미애 장관의 지휘권 발동 사태는 특히 매우 나쁜 선례를 남겼다. 정치적 목적을 위해 정치권력이 검찰수사에 개입하는 것을 일상화시켰기 때문이다. 그 내용도 '전문수사자문단의 심의절차를 중단하고 서울 중앙지검이 독립적으로 수사하라'는 내용으로 전례가 없는 것이었다.

　법무부 장관이 검찰총장처럼 구체적 수사방법까지 지휘하는 것이 적절한지, 검찰총장의 지휘권을 전면 배제한 지휘가 위법한 것은 아닌지 논란은 당연했다. 근본 원인은 검찰청법의 모호한 규정 때문이다. 검찰청법 제8조는 "법무부 장관은 검찰사무의 최고 감독자로서 일반적으로 검사를 지휘·감독하고, 구체적 사건에 대하여는 검찰총장만을 지휘·감독한다"라고만 규정되어 있다. 구속·불구속에 관한 신병 지휘도 포함되는 것인지, 기소 지휘와 불기소 지휘가 모두 가능한지 여부가 불분명하다.

　2013년 법무부 장관의 구체적 사건에 대한 수사지휘권을 전면 폐지한 프랑스는 폐지 이전에도 범죄혐의가 명백한데도 기소하지 않고 있을 경우 법무부 장관이 고등검사장에 대해 '기소명령권'만 행사할 수 있도록 명확히 지휘권의 범위를 규정하고 있었다.

　수사지휘권 행사의 정당성을 옹호하는 입장에서는 무소불위의 검찰 권력이 선출된 권력에 의해 민주적으로 통제되어야 하고, 그 수단이 법무부 장관의 지휘권과 인사권이라고 주장한다. 그러나 그렇게 단순한 문제가 아니다.

법무부 장관의 수사지휘권이 가장 빈번하게 발동되었던 시기가 2차 세계대전 당시 나치 독일이었고 그 불행한 결과를 역사가 증명한다. 검찰청법 규정에도 불구하고 역대 법무부 장관이 지휘권 행사를 자제한 것도 검찰의 정치적 중립성을 훼손할 우려 때문이었다.

공정한 수사와 기소권 행사를 위한 검찰 독립의 보장은 어떻게 할 것인가. 반면 검찰의 독단을 방지하고 검찰의 책임을 제도적으로 담보할 방안은 무엇인가. 검찰의 독립은 보장되어야 하지만 결코 검사에 대한 특권이 될 수 없다. 자의적인 검찰권 행사를 방지할 수 있는 제도적 장치가 반드시 갖춰져야만 한다.

검찰수사에 대한 문제가 제기될 때 법무부 장관의 감독권이 어느 범위까지 허용되어야 하는지, 그러한 감독권이 독립성과 어떻게 조화되어야 하는지의 문제가 법무부 장관의 구체적 사건에 대한 지휘권을 둘러싼 논쟁의 핵심이다.

검찰제도에 관한 국제표준인 「형사사법제도에서의 검찰의 역할」에 관한 유럽평의회 권고가 하나의 참고가 될 수 있을 것이다. 위 권고 제12조는 특정 사건에 대한 불기소 지휘를 원칙적으로 금지하면서 범죄혐의가 명백한 사안에 대하여 기소 지휘만 할 수 있도록 규정한다. 아울러 수사지휘의 투명성과 공정성 보장을 위해 수사검사로부터 미리 서면 의견을 받고 정식절차에 따라 서면으로 지휘해야 하며 그 지휘서를 기록에 편철하도록 의무화하는 등 엄격한 요건을 갖추도록 권고하고 있다.

추미애, 박범계 장관이 전가傳家의 보도寶刀처럼 수사지휘권을 남발한 것은 수사지휘권의 본질에 관한 근본적 의문을 제기했다. 법무부 장관이 지휘권을 발동할 만한 사안도 아니었고 선출된 권력에 의한 검찰 통제와도 아무 상관이 없었다. 오로지 정권의 이익과 권력형 비리 수사를 막기 위한 정치적 동기에 의한 지휘권 발동일 뿐이었나. 윤석열 대통령이 법무부 장관의 구체적 사건에 대한 수사지휘권 폐지를 대선 공약으로 내세운 것은 바람직한 방향이었다.

대선 기간 중 더불어민주당은 성명까지 내며 법무부 장관의 수사지휘권 폐지 공약을 '검찰공화국' 만들기라고 신랄하게 비판했지만, 이는 법무부 장관의 수사지휘를 통해 검찰을 계속 정권에 예속시키겠다는 불순한 동기를 스스로 자백한 것과 다름없다.

2005년 천정배 장관의 수사지휘권 발동에 항의해 사퇴한 김종빈 검찰총장은 "정치가 검찰수사에 개입하고 권력과 강자의 외압에 힘없이 굴복하는 검찰을 국민은 결코 바라지 않는다"는 퇴임사를 남기고 떠났다. 박범계 법무부 장관은 "나는 법무부 장관 이전에 여당 국회의원"이라고 했다. 수사지휘권 문제의 답은 여기에 있다.

3장

이상한 나라의 검찰-
대장동·라임·옵티머스

"첫 번째, 은폐한다. 두 번째, 조작한다. 삼 단계에서는 이를 조사하고 수사하기 위한 조직들을 무력화한다. 문재인 정부 5년 동안 권력형 범죄, 경제 범죄에 대해 어떻게 했느냐. 수사기관 무력화시켰다."

-김경율_회계사·경제민주주의21 공동대표

"아직 빙산의 일각일 뿐"
-대장동 개발비리 사건

　나는 성남 대장동 개발 특혜 의혹을 최초 보도한 〈경기경제신문〉 박종명 대표기자의 변호인이다. 박 기자는 2021년 8월 31일 「이재명 후보님, ㈜화천대유자산관리는 누구 것입니까」라는 제목의 기사를 썼는데 화천대유 측에서 박 기자를 상대로 2억 원의 손해배상소송과 정보통신망법위반(명예훼손)으로 형사고소를 한 것이다.

　박 기자는 2021년 8월 29일 익명의 제보자로부터 제보를 받았다. 다음 날 오전 화천대유 사무실 현장을 방문해 회사의 감사를 만난 뒤 제보 내용의 사실 여부를 확인했다. 현장을 가보니 시행사인 성남의 뜰, 천화동인 1호~7호 사무실이 모두 같은 곳에 있었고 전화번호도 동일해 하나의 회사를 비정상적으로 분리하고 있는 것이 이상하게 보였다고 했다. 제보가 충분히 믿을 만하다고 판단되어 진실을 밝혀 국민들에게 알려야 한다는 생각에서 첫 보도를 했다.

기사가 나가자마자 경기도청 대변인실 언론담당관이 연락해 '즉시 기사를 삭제하라'고 했고 '도청으로 들어와서 수습하라'고 요구했다. '기사에 사실과 다른 부분이 있으면 반론권을 보장하겠다'고 9월 1일 오전 경기도청과 연락해 온 변호사에게 문자를 보냈지만 막무가내였고, 바로 '민·형사 소송을 제기하겠다'고 협박했다고 한다. 아직 공개적으로 밝힐 수 없는 많은 이야기를 박 기자로부터 들었다. 권력형 부패의 냄새가 물씬 풍기는 초대형 게이트라는 직감이 들었다. 공익적 차원에서 변호를 맡아 민·형사 소송 과정에서 대장동 비리의 실체를 밝혀 보기로 결심했다. 대한변협 부회장인 김관기 변호사에게 도움을 청하니 흔쾌히 함께해 주시겠다고 하여 공동변호인으로 사건을 맡았다.

검찰수사는 처음부터 이상했다. 2021년 9월 시행사인 '성남의 뜰'에 3억 5,000만 원을 투자해 지분 1퍼센트에 불과한 화천대유가 1조 원에 가까운 수익을 독식할 수 있도록 사업구조가 결정된 과정에 성남시와 성남도시개발공사가 조직적으로 개입한 권력형 부패 의혹이 짙다는 언론 보도가 빗발쳤다. 하지만 검찰은 2021년 9월 23일에야 선거범죄 전담인 서울중앙지검 공공수사2부에 사건을 배당하며 수사에 착수했다. 그것도 더불어민주당 이재명 후보 측이 국민의힘 김기현 원내대표 등을 상대로 "이 후보가 당선되지 못하게 할 목적으로 대장동 개발사업에 관한 허위사실을 반복적으로 공표했다"라는 고발사건 수사를 위해서였다.

부패사건은 전격적인 압수수색을 통한 증거 확보와 주요 피의자나 참고인들에 대한 출국금지가 초기 수사 단계에서 가장 중요하다. 검찰이 미적대는 사이 1,007억 원을 배당받은 남욱 변호사가 9월 중순 미국으로 출국했다. 핵심 관계자들 간에 입을 맞추고 증거인멸할 충분한 시간이 주어진 것이다. 한 달 만에 귀국한 남 변호사를 공항에서 체포했지만 구속영장 청구 없이 석방했다.

＊

대장동 개발비리 사건의 본질은 사업실적도 전혀 없는 급조된 민간시행사가 1퍼센트 지분으로 1조 원대 개발이익을 독식하게 된 경위를 밝히는 것이다. 납득할 수 없는 성남시 인허가 과정과 사업협약서에 '초과이익 환수 규정'이 누락된 경위, 이재명 전 경기도지사의 핵심 측근 유동규가 개발이익 700억 원을 받기로 한 이유 등을 수사를 통해 밝히고 배임 혐의와 뇌물 의혹, 이를 지시하고 결정한 윗선을 찾아내는 것이다.

20여 년을 검사로 재직한 나의 판단으로는 당연히 성남시청을 최우선적으로 압수수색을 해야 했다. 이유 없이 하염없이 미루어졌다. 급기야 성난 여론에 떠밀리듯 뒤늦게 압수수색이 이루어졌다. 수사 착수 후 28일이 지난 때였다. 그런데 더욱 이상한 일이 생겼다. 네 차례 성남시청을 압수수색하는 동안 시장실과 비서실은 계속 대상에서 빠진 것이다. 그리고 시청의 관련 공무원 이메일은 압수하면서도 이 전 지사와 당시 정책보좌관이자 핵심 측근인 정진상의 이메일을 압수했다는 보도는 없었다.

대장동 개발비리에 이 전 지사의 개입을 의심할만한 직간접적 증거는 많다. 성남도시개발공사의 재산처분과 분양가격 결정 등에 관한 사항은 사전에 성남시장에 보고하도록 정관에 규정되어 있다. 성남시는 2012년 업무전결규정을 신설해 시장이 대장동 개발사업의 최종결재권을 갖도록 했다. 이 전 지사의 최종 승인 없이는 대장동 개발사업과 관련한 어떤 결정도 할 수 없는 구조다. 직접 결재한 다수의 성남시 공문에서도 확인된 바 있다.

2010년 성남시장에 당선된 이 전 지사는 "지역에서 발생한 개발이익을 민간업자에게 뺏기는 것은 부당하고 지역의 이익은 지역민에게 돌아가도록 해야 한다"고 강조했다. 2014년 6월 지방선거를 앞두고 '대장동·제1공단 결합 도시개발구역 지정 추진' 기자회견까지 했다. 대장동 개발사업의 하나부터 열까지 모두 챙겼을 것이라는 점은 의심의 여지가 없다.

이 전 지사는 지자체 개발사업에 관한 한 전문가다. 1999년부터 분당 파크뷰 백궁정자지구 용도변경 과정에서의 의혹을 제기하고 반대 운동을 벌여온 성남시민모임에서 활동했다. 2002년 5월 11일

〈오마이뉴스〉와의 인터뷰에서 그는 이렇게 말했다.

"검찰은 '파크뷰 특혜분양 수사에서 용도변경과 관련해 특혜받은 게 나타나면 이 문제를 조사하겠다'라고 하나 1조 원이 넘는 돈이 왔다 갔다 한 사업을 주무른 배후인물들이 기껏 프리미엄 먹는데 흔적을 남겼겠냐. 용도변경 문제를 전면적으로 수사해야 한다. 만약 내가 수사한다면 H1개발에 특혜가 주어진 배경을 밝히는 것이 우선이다. 이 부분이 핵심이다. 또 토지공사는 용도변경이 결정 난 뒤에도 토지의 상당 부분을 수의계약으로 매각했다. 입찰을 통해 공급예정가보다 높은 가격으로 팔 수 있음에도 그렇게 했다. 이 부분을 밝히면 상당 부분 실체에 접근하게 될 것으로 본다."

임기 1년 6개월을 남겨둔 황무성 성남도시개발공사 사장을 강제로 쫓아낸 당일, 화천대유가 설립되었다. 핵심 측근인 유동규가 사장 직무대행을 맡아 사업계획 접수 하루 만에 화천대유가 1퍼센트 지분으로 참여한 성남의 뜰 컨소시엄을 사업자로 선정했다. 공모지침서에 들어가 있던 '사업 기간 종료 시점의 총수익금 계산' 부분이 사업협약서 작성 과정에서 없어졌다. 실무진이 추가해야 한다고 보고한 '출자지분율에 따른 초과이익 환수 규정'도 7시간 만에 사라졌다.

규정상 이 모든 사항은 이 전 지사가 보고받고 최종 결재해야 하는 것이다. 유동규는 2010년 이 전 지사가 성남시장으로 취임할 때 인수위원이었다. 화천대유와 천화동인 1호의 사내이사 이한영은 2018년 지방선거 때 이 전 지사의 선대본부장을 지낸 전 경기도 평화부지사 이화영의 보좌관 출신으로 밝혀졌다. 우연의 일치라고 하기에는 너무나 석연치 않은 인적 커넥션으로 모든 것이 얽히고설켜 있다.

*

이 사건을 배당받아 수사한 수사팀은 어땠을까? 핵심 수사 라인에 부패범죄나 경제범죄 수사전문가가 한 명도 없었다. 게다가 특수 수사 경험이 많은 모 부부장검사는 갈등 끝에 수사팀에서 배제되었다. 검찰의 이해할 수 없는 수사 흐름이 김오수 검찰총장과 친정권 성향의 서울중앙지검 수사팀과 무관한 것일까? 많은 국민들이 의혹의 시선을 보냈다. 결과적으로 검찰의 실체 규명은 실패했고, 의혹의 핵심 인물인 정진상은 수사 마지막에 한 차례 소환 조사로 끝냈다. 이 전 지사는 결국 조사 없이 종결했고 더불어민주당 대선 후보로 완주할 수 있었다.

검찰의 대장동 개발비리 수사가 '이재명 구하기 방탄수사'가 아닐까 하는 의구심은 여전하다. 2022년 5월 새 정부 출범 후 가장 먼저 검찰이 해야 할 일도 대장동 개발비리 사건을 처음부터 원점에서 철저히 진상규명하는 것이다.

재수사 여부를 두고 박은정 지청장과의 갈등 끝에 성남지청 박하영 차장검사가 사표를 제출한 성남FC 후원금 의혹도 밝혀져야 한다. 공소장으로 말해야 할 검사가 "더 근무할 수 있는 다른 방도를 찾으려 노력해 봤지만 달리 방법이 없다"라는 말을 남기고 급작스레 검찰을 떠날 때는 분명 이유가 있다.

석연치 않은 점이 한두 가지가 아니다. 성남FC에 42억 원을 후원금으로 낸 두산건설의 경우 1996년 72억 원에 구입해 방치하다가 2014년 이행강제금까지 낸 의료시설용지 3,000평이 10개월 후 업무용지로 용도변경되었다. 용적률도 250퍼센트에서 670퍼센트로 상향되었다. 두산건설은 2017년 5월 매각 후 재임차 방식으로 1,700억 원에 부지를 처분했고, 2021년 2월 완공된 신사옥도 6,200억 원에 부동산자산관리회사에 매각했다. 성남시와 두산건설은 협약서에서 '각 당사자는 사전 서면 동의 없이 일체의 처분행위를 할 수 없다'고 합의했다. 2015년 7월 당시 성남시장이던 이 전 지사는 이렇게 말했다.

"두산이 시세차익만 챙긴다면 건축허가 취소는 물론 지은 건물을 철거하는 등 특단의 조치를 취하겠다."

공언한 이 전 지사는 아무것도 하지 않았고, 두산에게는 아무

일도 일어나지 않았다. 실체적 진실은 수사기록과 증거를 직접 보지 않는 한 누구도 알 수 없다. 그러나 경찰의 수사 기간 3년 3개월은 '방치의 시간'이었을 가능성이 높다. 이 전 지사가 성남시를 떠나고 후원금을 낸 기업들이 해결해야 할 현안이 해결된 2021년 성남FC 후원금은 9억 원이다. 왜 그때만 유독 기업들이 거액의 후원금을 냈을까. 검찰수사가 풀어야 할 수수께끼다.

첨단 금융경제범죄,
사모펀드에 깃든 권력

2021년 10월 3일 〈워싱턴포스트〉, BBC 등 117개국 언론인 600여 명이 참여하고 있는 국제탐사보도언론인협회ICIJ는 전 세계 14개 금융기관 등으로부터 입수된 1,190만 건의 문서를 토대로 작성한 판도라 페이퍼스를 공개했다. 문건에는 압둘라 2세 요르단 국왕, 바비시 체코 총리, 토니 블레어 전 영국 총리 부부 등 전 세계 35명의 전·현직 국가 지도자와 90개국 336명의 정치인과 고위 관료, 〈포브스〉지에 등록된 억만장자 90여 명의 해외계좌 및 거래 내역도 담겨있었다.

이들은 영국령 버진아일랜드, 세이셸, 벨리즈, 사모아, 스위스, 싱가포르 등 14곳의 조세피난처를 이용했다. 압둘라 2세 국왕은 1995

년~2017년 36개의 유령회사를 설립하고 미국과 영국에서 1억 600만 달러 이상의 저택 14채를 구입했다. 바비시 체코 총리는 2009년 프랑스 칸 인근 지역 부동산 구입을 위해 2,200만 달러를 유령회사에 투자한 것으로 드러났다. 독일 슈퍼모델 클라우디아 쉬퍼, 콜롬비아 가수 샤키라도 이름을 올렸고 〈뉴스타파〉는 SM엔터테인먼트 이수만 총괄 프로듀서, 전두환 전 대통령의 동생 전경환 등이 페이퍼 컴퍼니를 통해 역외 탈세를 했다는 의혹을 제기했다. 2016년에는 'Football Leaks'로 불린 국제 축구 슈퍼스타들의 해외 탈세 의혹 사건이 터져 나왔다. 크리스티아누 호날두는 1억 5,000만 유로의 소득을 빼돌린 혐의를 받고 있다.

관세청은 지난 2011년 전 세계 62개 조세피난처와 국내기업 또는 개인 간의 외환거래 규모가 3,230억 달러, 우리 돈 362조 원이라고 발표했다. 2000년 577억 달러에서 5.6배 증가한 수치다. 이 가운데 수출입 통관 실물거래는 1,614억 달러, 181조 원이고 나머지 1,616억 달러는 페이퍼 컴퍼니를 통한 우회 투자, 해외재산 도피나 은닉 등 실물거래와 관계 없는 '수상쩍은' 거래와 관련 있을 것으로 추정된다. 관세청 발표에 의하면 2011년 현재 조세피난처에 등록된 국내기업의 페이퍼 컴퍼니는 4,875개다.

관세청이 적발한 해외재산 도피도 2000년 166억 원이었는데 2010년 1,528억 원, 2011년 2,737억 원으로 급증했다. 최근 통계를 확인할 수 없으나 2011년만 하더라도 전년 대비 79.1퍼센트 증가했다. 10년이 지난 지금은 조세피난처 등을 이용한 역외 탈세 규모가 엄청난 규모로 급증했을 것으로 추측하는 데 어려움이 없을 것이다.

*

라임자산운용 1조 5,000억 원, 옵티머스 자산운용 5,500억 원. 문재인 정권에서 발생한 사모펀드 사건의 피해 규모다. 한 번도 경험해보지 못한 천문학적 수준의 피해 액수였다. 옵티머스 사건에서는 임종석 전 청와대 비서실장과 평양을 함께 방문하는 등 정권 실세들과의 특별한 관계로 주목받았던 이혁진 전 대표가 미국으로 도피 중인 가운데 전 청와대 민정수석실 행정관 이모 변호사 부부가 핵심적으로 관여된 사실이 밝혀졌다.

추미애 법무부 장관이 국회에서 '허위문건'이라고 했던 대對 여권 로비 정황이 담긴 문건도 일부 내용이 사실로 드러났다. 한국방송통신전파진흥원, 한국전력, 농어촌공사 등이 828억 원을 펀드에 투자한 것이나, 남동발전이 5,100억 원 규모의 해외 사업 제안을 받고 2주 만에 '투자적격' 판정을 내린 것도 거대한 '보이지 않는 손'의 영향력이 아니었다면 모두 불가능 했을 것이라는 시중의 루머가 난무했다.

1조 5,000억 원 규모의 환매중단 사태가 발생한 라임자산운용 사건도 마찬가지다. 거액의 금품 수수 혐의로 전 청와대 행정관과 친노 핵심인 이상호 전 더불어민주당 부산 사하을 위원장이 구속된 가운데 "나는 경비를 아끼지 않는다. 금융감독원이고 민정수석실이고 다 내 사람"이라는 김봉현 전 회장의 문자메시지까지 공개되어 정·관계 로비 의혹에 휩싸인 바 있다.

사정이 이런데도 추미애 장관은 취임 직후인 2020년 2월 신라젠 사건과 라임자산운용 사건을 수사 중이던 서울남부지검 증권범죄 합동수사단을 전격 해체했다. 2013년 출범해 6년 반 동안 약 1,000 여 명을 자본시장법 위반 혐의로 처벌하며 금융·증권 범죄수사에 핵심적 역할을 해왔는데 합수단을 강화해도 시원찮을 판에 수사의 손발을 잘라 버린 것이다.

서울중앙지검의 옵티머스 사건 수사도 허점이 많았다. 금융감독 원이 수사 의뢰한 사건을 조사부에 배당한 것은 이해할 수 없는 일이었다. 조사부는 형사부와 마찬가지로 각 검사실에 검사 1명에 수사관 2명이 근무하며 주로 복잡한 고소사건 수사를 하는 곳이다. 피해 규모가 5,000억 원에 이르고 피해자도 1,000여 명인 사건을 조사부에 배당한 것 자체가 문제였다. 뒤늦게 수사 부서를 경제범죄형사부로 바꾸고 18명의 검사로 수사팀을 보강해 본격 수사에 나섰지만 급변하는 범죄환경에 따라가지 못하는 검찰수사의 현주소를 보여주었다.

판도라 페이퍼스 사건이나 우리나라의 조세피난처를 이용한 역외 탈세, 라임, 옵티머스 사건에서 볼 수 있듯 금융경제사건의 규모와 양상이 과거와는 비교도 할 수 없을 정도로 바뀌었다. 대부분 해외 거래를 이용하다 보니 국세청이나 관세청, 수사 당국의 추적이 쉽지 않다. 경제 규모가 커지고 선진국이 될수록 금융경제범죄의 위험성과 폐해는 심각해진다. 탈세, 횡령, 배임, 주가조작, 담합 같은 범죄는 첨단화·지능화되어 고도의 전문적 지식을 갖춘 전담 수사 조직이 없으면 그 적발과 처벌이 쉽지 않다. 국제형사사법공조와 국제조세조사협력체제가 긴밀히 작동하지 않으면 수사 자체가 불가능하게 되는 경우가 대부분이다. 이러한 대형금융경제범죄에 수사기관과 형사사법제도가 제대로 대응하지 못할 때 국가와 사회의 근간을 흔드는 위협요소가 된다.

*

프랑스는 1970년대부터 금융경제수사의 중요성을 인식하고 1975년 형사소송법 제704조에 금융경제범죄 특별수사부 설치 근거 규정을 도입한 이후 전문화·광역화·중앙집중화를 추진 전략으로 금융경제범죄에 대응해 왔다. 1999년 금융범죄 거점수사부pôle financier, 2004년 특별광역검찰JIRS을 도입했고 2013년에는 중대금융경제범죄와 정치부패 등 공공부문의 투명성 강화를 위해 프랑스 전국을 관할하는 독립된 국가금융검찰을 신설했다.

중대금융경제범죄수사를 효과적으로 수행할 수 있도록 잠입수사infiltration, 감시처분surveillance, 대화 및 영상녹화sonorisation 허용 등 수사권 강화, 자금세탁 관련 입증책임 전환규정 신설, 금융·경제범죄 법정형 대폭 상향 등 개혁조치가 단행되었다. 라임, 옵티머스 사건과 같은 대형금융범죄 근절과 수사를 위해서는 프랑스처럼 검찰수사의 전문화·광역화·중앙집중화가 가장 시급하다.

검경수사권 조정의 일환으로 검찰청법이 개정되어 검찰의 직접수사 범위가 제한되었지만, 금융경제범죄는 검찰 직접수사에 아무 제약이 없다. 하지만 '검수완박'이 되면 모든 것이 달라진다. '부패'와 '경제'수사에 대해 최대 1년 6개월간의 유예기간을 두면서 검찰이 직접 수사할 수 있다고 하지만 이후에는 직접수사가 불가능해지기 때문에 오랜 시간이 걸리는 대형금융수사는 더 이상 기대하기 어렵다.

경찰은 고도의 전문성이 요구되는 금융수사 경험이 축적되어 있지 않고 앞으로 신설될 것으로 보이는 중수청도 과연 현재 검찰에서 하는 것 이상의 수사역량을 발휘할 수 있을지는 미지수다. 효과적인 금융범죄수사를 위해서는 검수완박을 백지화해야 한다. 부활된 증권범죄합동수사단의 규모를 최소 2~3배 이상 확대해야 하고 전문성 강화를 위해 전문 수사검사와 수사관들에 대한 교육과 인사를 차별화할 필요가 있다. 검사들의 근무 기간을 최소 5년 이상으로 연장하고, 합수단장과 부장검사들도 3년 이상 장기근무를 보장해야 한다.

금융감독원과 예금보험공사 등 관계기관의 전문인력 파견 지원도 더욱 확대될 필요가 있다. 검찰 자체적으로 금융전문가를 수사관으로 특채하여 수사역량을 강화하는 방향이 바람직하다. 금융경제범죄에 대한 효과적 대응을 위한 특별수사절차 도입도 서둘러야 할 과제다. 금융경제범죄는 진술에 의존해 수사하기 어렵고 첨단 금융기법을 동원해 은밀히 이루어지는 경우가 대부분이다.

이를 신속하게 수사할 수 있도록 통신감청, 계좌추적, 압수수색 등 전반에 걸쳐 특별절차를 도입할 필요가 있다. 프랑스와 같이 자금세탁 등 특정 중대금융범죄에 대해서는 입증책임 전환규정을 도입하여 피의자 스스로 정상적인 금융거래인 점을 입증하도록 하고 입증하지 못하면 그 자체로 처벌하는 방안도 전향적으로 검토할 만하다. 범죄수익을 효과적으로 추적하고 회수할 수 있는 제도 개선도 필수적이며 외국과의 형사사법공조시스템도 근본적으로 강화할 필요가 있다.

법인의 형사책임제도를 도입해 거액의 벌금으로 금융경제범죄를 억제하는 방안도 전향적으로 검토해야 할 과제다. 독일기업 지멘스가 2006년 해외 사업을 하면서 뇌물을 제공한 부패사건이 드러나 미국과 독일 사법당국에 16억 달러(약 2조 208억 원)의 벌금을 납부했다. 2006년 사우디와 해외무기거래를 하면서 10년간 약 10억 파운드의 뇌물을 준 사실이 영국 중대범죄수사청의 수사로 밝혀진 유럽 최대의 군수업체 BAE는 영국과 미국에 4억 5,000만 달러(약 5,683억 원)의 벌금을 냈다.

　법인의 형사책임은 법인 자체에 고액의 벌금을 부과하는 것이다. 2012년 아라미드 섬유에 대한 영업비밀침해 사건에서 미국 법원이 코오롱에 9억 1,990만 달러(약 1조 원)의 벌금을 선고했던 것이나, 2005년 삼성전자가 반도체 D램 가격담합을 인정하고 벌금 3억 달러(약 3,000억 원)에 합의한 것도 모두 법인의 형사책임규정이 적용된 것이다.

　기업범죄에 대해 구속수사와 징역형을 중심으로 운영되고 있는 수사와 재판 실무에 대해서는 근본적으로 재검토할 필요가 있다. 기업범죄가 발생할 때마다 대기업 총수나 기업 CEO를 구속 수사해야 한다는 여론이 높지만, 반드시 바람직한 것만은 아니다. 수십 년 동안 대기업 총수와 기업 대표들이 구속되고 실형을 선고받고 처벌되었지만, 기업범죄가 효과적으로 근절되었다는 확실한 증거는 없다. 미국과 유럽에서 일반화되어 있는, 고액벌금을 부과할 수 있는 법인의 형사책임제도 도입을 적극 검토할 때가 되었다.

　법무부 산하에 금융경제범죄수사청을 신설하는 방안도 중요하다. 검찰과 경찰의 금융범죄 수사 인력을 통합하여 별도의 법무부 산하 특별수사청으로 만드는 방안이다. 중수청을 설립해 예전 검찰이 직접 수사할 수 있었던 부패, 경제범죄 등 6대 범죄 중심으로 수사할 수도 있지만 이를 특화해 반부패수사청, 금융경제범죄수사청 등으로 나눠 설립하는 것도 방법이다.

여러 차례 강조한 바와 같이 사법경찰 자격으로 수사하고 검찰의 수사지휘와 통제를 받으며 기소는 검찰이 담당하는 체제가 바람직하다. 프랑스의 국가금융검찰 등 유럽의 대륙법계 검찰제도를 가진 나라의 일반적인 구조가 이런 방식이다. 범죄환경이 급변하고 있고 경제 규모의 발전 속도에 비해 우리의 수사체계와 관련 법률 규정은 너무 낙후되었다.

증권범죄합동수사단 해체,
그 이후

    2021년 3월 1일 사르코지 전 프랑스 대통령이 판사 매수 혐의로 파리지방법원에서 3년 구금형을 선고받았다. 퇴임 후 구금형을 선고받은 첫 프랑스 대통령이라는 기록을 남겼다. 2007년 프랑스 검찰과 수사법원이 세계적인 화장품 기업 로레알의 상속녀 릴리안 베탕쿠르에게 받은 정치자금 수수 의혹을 수사 중일 때, 고위 법관에게 수사기밀을 알려주면 퇴임 후 모나코에 괜찮은 자리를 제공해 주겠다고 한 혐의 때문이다.

    사르코지를 수사하고 기소한 것은 2013년 신설된 국가금융검찰이다. 파리고등검찰청 소속이지만 파리고검장의 지휘를 받지 않는 독립된 전국 관할을 갖는다. 국가금융검찰이 탄생한 것은 올랑드 사회당 정부 당시 75퍼센트 부유세 도입 논란이 한창일 때, 주무 장관인 제롬 카위작 예산부 장관이 스위스 등에 비밀계좌를 갖고 있던 것이 들통 난 대형 스캔들이 계기가 되었다.

앞서 살펴본 대로 프랑스는 기존의 수사 시스템으로는 첨단화·국제화된 부패, 금융경제범죄에 효과적으로 대응할 수 없다고 보고 수사의 중앙집중화·전문화를 목표로 국가금융검찰을 창설했다. 2020년 1월 유럽 최대의 부패 스캔들로 불리는 에어버스 사건도 프랑스 국가금융검찰이 수사한 사건이다. 프랑스에 있는 항공기 제조기업 에어버스가 외국에 항공기를 판매하면서 불법 리베이트를 지급했다가 적발된 부패사건이다. 중국, 일본, 사우디아라비아, 대만, 터키, 러시아, 멕시코, 인도, 브라질 등이 모두 관련되었고 대한항공도 에어버스로부터 1,500만 달러 리베이트를 받은 것으로 나타났다.

에어버스 사건은 2016년부터 프랑스 국가금융검찰, 영국 중대범죄수사청, 미국 연방법무부가 국제공조수사를 통해 전모를 밝혀냈는데 국제적 부패사건, 경제사건에서의 국제형사사법공조의 중요성을 확인시켜 준 사건이었다. 에어버스는 이 사건으로 프랑스에서 21억 유로, 미국에서 21억 달러, 영국에서 11억 달러의 벌금을 각각 부과받았다.

＊

　2020년 1월 추미애 법무부 장관은 취임 직후 증권범죄합동수사단(합수단)을 전격 해체했다. "검찰의 직접수사 축소가 검찰개혁"이라는 명분이었다. 증권범죄가 활개칠 것이라는 많은 우려가 있었지만 "합수단이 부패의 온상"이라는 황당한 이유를 들어 폐지를 강행했다. 추미애 장관은 누구에게 어떤 보고를 받고, 어떻게 판단했길래 이런 무모하고 무지한 결정을 한 것일까. 합수단 폐지 소식이 알려지자 시장은 즉각 반응했다. 수사대상이던 종목의 주가가 10~20퍼센트 폭등하는 일이 일어난 것이다. 2021년 1월 당시 합수단은 라임, 옵티머스, 신라젠, 상상인그룹 등 정권 실세 연루설이 파다하던 사건을 수사하고 있었다.

　합수단 해체 이후 수사 중이던 사건은 서울중앙지검과 서울남부지검 금융조사1,2부로 재배당되었다. "여의도 주가 조작꾼들만 좋게 됐다"라는 말이 파다한 가운데 '희대의 펀드사기'로 불린 옵티머스 사건 관련자들은 서면조사 등 형식적 수사만 받고 모두 무혐의로 종결됐다. 합수단 폐지의 효과는 금방 드러났다. 폐지 이전인 2019년 56건을 접수해 33건(58퍼센트)을 처리했지만 폐지 이후 59건을 접수해 8건(13퍼센트) 처리에 그쳤다.

　증권범죄합동수사단은 2015년 서울남부지검에 신설되었다. 합수단이 만들어지면서 한국의 금융범죄수사는 획기적으로 개선되었다. 종전에는 한국거래소가 혐의를 포착해 금융당국을 거쳐 검찰이 기소하기까지 1년 가까이 걸렸지만, 증권선물위원회 심의·의결 없이 서울남부지검이 수사를 시작하는 패스트트랙 제도가 정착하면서 1~2개월 만에 해결되었다. 수사영역도 다양화되어 코스닥시장의 주가조작과 횡령 사건에 그치지 않고 블록딜(대량매매), 스팩(SPAC: 기업인수목적회사) 등에서의 내부자 거래사건을 수사하는 성과를 거두었다.

합수단은 '여의도의 저승사자'로 불렸고 발족 후 3년간 자본시장법 위반 혐의로 기소한 피의자는 1,290명으로 그 이전 3년간의 실적 1,175명보다 10퍼센트 이상 증가했다. 구속 인원도 302명으로 종전 95명보다 3배 이상 늘었다. 합수단 이전에는 서울중앙지검 금융조세조사1부~3부에서 나눠 맡았고, 수사 인력도 42명에 머물렀다.

그러나 합수단 출범 이후 부장검사와 검사, 수사관 53명, 금감원, 금융위, 국세청, 한국거래소 등 관계기관에서 파견한 금융전문가 25명까지 포함되어 약 80명으로 운영되었다. 수사력이 대폭 보강되어 수사능력과 범죄 대응능력, 그리고 의미 있는 성과 등으로 한국의 첨단 금융범죄수사를 놀라울 만큼 개선하고 있었다. 하지만 추미애 장관이 잘 성장하는 6년생 어린나무를 뿌리째 뽑아버렸다.

증권범죄합동수사단과 비슷한 프랑스 파리지방검찰청 금융범죄 거점수사부pôle financier가 생긴 것은 1999년이다. 그러나 금융범죄 대응이 어렵게 되자 2004년 전국 35개 고등검찰청 중 6개 주요 고검을 특별광역검찰청JIRS으로 확대개편 했고, 또 역부족임을 실감하고 2013년 전국을 관할하는 국가금융검찰PNF을 창설했다. 한국에서 '여의도 저승사자'라 불렸던 서울남부지검 증권범죄합동수사단은 프랑스의 1999년 수준에도 못 미친다.

*

나는 프랑스 국립사법관학교ENM 유학 시절인 2000년 파리지방검찰청 금융범죄 거점수사부에서 연수를 한 적이 있다. 재무부 금융정보시스템FICOBA과 관세정보시스템이 연결되어 있어 금융계좌 등 현황을 실시간으로 파악할 수 있었고, 금융범죄 전문 검사들이 재무부, 금융감독청 등에서 파견된 전문가들과 합동 수사를 하고 있었다.

특히 인상적이었던 것은 금융계좌추적이었다. 우리는 계좌추적을 위해서는 판사가 발부한 영장이 있어야 하지만 프랑스는 영장도 필요 없고 검찰에 연결된 재무부 금융정보시스템을 통해 프랑스 내에 개설된 모든 금융계좌 내역을 즉석에서 확인할 수 있다. 다만, 각 계좌의 구체적인 거래 내역을 확인하려면 별도의 공문을 보내야 한다. 사법경찰이 '사법요청réquisition judiciaire'이라는 제목의 공문에 필요한 자료의 범위를 적시하여 국세청 또는 해당 금융기관에 송부하면 2~3일 내에 회신해 준다.

계좌추적 범위는 우리나라와 비교할 수 없이 넓다. 예컨대 공무원이 특정 시점에 특정인으로부터 뇌물을 받은 혐의를 밝히고자 계좌추적을 할 경우, 5년이든 10년이든 수사에 필요하다고 생각되는 모든 기간에 걸쳐 계좌를 조사한다. 대상 계좌도 당사자들뿐만 아니라 그 배우자, 부모, 자녀의 계좌는 기본적으로 모두 포함된다. 빈번한 거래가 있다든지 기타 합당한 사유가 있으면 제3자의 계좌까지 모두 조사할 수 있다.

'검수완박'으로 검찰을 공소 유지만 하는 기소청으로 전락시키고 중수청을 설립하게 되면 이런 대형금융·경제범죄나 정치부패 사건 수사는 불가능하다. 특히 범죄의 세계화로 국가 간의 국제공조수사, 해외은닉 범죄수익 환수가 매우 중요해졌는데, 앞서 말한 에어버스 사건 국제공조수사가 보여주듯 외국 검찰은 절대 경찰과 협력하지 않는다. 경찰 단계의 국제형사사법협력은 인터폴 차원에서 이루어지고, 검찰 단계의 국제형사사법공조, 범죄인 인도, 해외은닉재산 환수는 모두 법무부를 창구로 검찰이 한다.

'검수완박'을 외치며 중수청 설립을 밀어붙이면서 검찰을 공소청으로 만들겠다고 하지만, 이런 부분에 대한 검토는 전혀 없었다. 오직 정권 보위를 위해 검찰 팔다리 자르기에만 혈안이 되어 있고 국가 형사사법체계가 엉망이 되든 말든 관심이 없으니 될 리가 없었다. 문재인 정권이 그토록 외쳤던 노무현 정신, 촛불정신의 실체는 부정부패가 활개 치도록 검찰을 무력화시키고, 부패 공화국을 만드는 것이었는가.

추미애를 이은 박범계 장관은 2022년 증권범죄합동수사단 폐지 1년 4개월 만에 슬그머니 '증권금융범죄수사협력단'이라는 이름으로 합수단을 부활시켰다. 정권 입장에서도 합수단 없이는 첨단화된 증권금융범죄에 대응할 방법이 없음을 뒤늦게 깨달은 결과다. 그러나 권한이 대폭 축소되었다. 직접수사를 하지 않고 서울남부지검 금융조사1, 2부를 지원하는 역할로 제한되었기 때문이다. 예전처럼 제대로 역할을 할 수 있을지는 미지수다.

금융범죄는 앞으로 더욱 기승을 부릴 것이다. 그리고 더욱 첨단화할 것이다. 가상화폐 거래소 일일거래 규모가 증시를 넘어서 25조에 이른다. 가상화폐를 이용한 금융범죄도 급증하고 있고 온라인 불법도박 규모는 조 단위를 넘었다. 조폭들이 이를 이용해 불법수익을 올리고 자금세탁을 하여 시행 사업이나 벤처 기업에 투자하고 있다. 미흡한 수사 시스템 덕분에 한국은 국제범죄조직의 '글로벌 호구'가 되어 있을 것이다.

2021년 5월 국내 최대 규모 가상화폐 거래소 업비트와 빗썸이 전산 장애로 1시간 이상 거래가 중단되는 사고가 있었다. 단순 사고겠지만 만약 누군가 불순한 목적으로 전산을 중단시켰다면 어떻게 되는 것인가. 글로벌, 디지털로 완전히 바뀐 환경에서 금융경제범죄에 대한 효과적 대응 없이는 국가와 사회 기반이 무너진다. 조직범죄와 자금세탁도 전부 금융범죄와 관련 있는데 검찰개혁한다며 한가롭게 검수완박, 수사권 조정, 공수처 타령이나 하고 있는 사이 한국은 범죄자들의 놀이터가 되어버렸다.

K-반부패 시스템은
작동하는가

김상조 전 청와대 정책실장은 2017년 5월 공정거래위원장 청문회 당시 예금으로 본인 2억 3,188만 원, 배우자 2억 9,682만 원을 포함해 장남과 모친의 재산을 합쳐 총 17억 1,356만 원의 재산을 신고했다. 2021년 3월 공개된 김 전 실장의 재산신고 내역에는 2020년 말현재 본인 예금 9억 4,645만 원과 배우자 4억 4,435만 원을 포함 24억 3,000만 원을 신고했다. 3년 7개월 동안 생활비를 제외하고도 8억 6,125만 원의 예금이 증가했는데 매월 2,000만 원씩 예금이 증가한셈이다. 임종석 전 청와대 비서실장은 2017년 4억 3,445만 원, 2019년 6억 4,945만 원의 재산신고를 했다. 그런데 임 전 실장의 딸이 학비만 연 1억 원 정도 든다는 시카고 아트스쿨로 유학을 갔고, 명품을 걸치고 해외 유명 관광지를 다니며 찍은 사진으로 논란이 된 바 있다.

더불어민주당 김두관 의원은 2010년~2012년 경남지사를 지냈고 2011년 신고재산은 7,888만 원이다. 김 의원 아들은 2011년~2016년까지 6년간 영국에 유학했다. 딸도 그 무렵 중국에 유학했다. 황희 문화체육관광부 장관은 매월 생활비로 60만 원을 쓴다고 하면서도 본인과 가족의 계좌 46개를 보유하고 있고 빈번한 해외여행과 자녀를 매 학기 2,100만 원의 학비가 드는 외국인학교에 보낸 사실이 국회 인사청문회 과정에서 드러났다.

김상조 전 실장은 한성대 교수와 공정거래위원장으로 재직한 것밖에 없는데 만약 다른 수입원이 없다면 문재인 정권 들어 공직 생활을 하는 동안 생활비를 제외하고도 매월 2,000만 원씩 예금이 증가했다는 것은 재산증식 과정에 의문을 갖게 하는 대목이다. 김두관 의원은 아들 유학자금 출처 문제 제기에 대해 "생각해볼 가치도 없는 흠집 내기"라 했지만 천만의 말씀이다. 김두관 의원의 자녀 해외 유학자금 출처 문제는 사생활 보호 영역이 아니다. 신고한 등록재산으로 도저히 불가능한 자녀 유학자금을 어떻게 마련했는지, 국민들이 해명하라는 요구는 너무나 당연하다. 임종석 전 비서실장과 황희 장관의 경우도 마찬가지다.

2015년 국회 법사위 위원이던 더불어민주당 서영교 의원의 재판청탁 사건이 있었다. 국회 파견 중인 부장판사를 의원회관 사무실로 불러 본인의 선거구 연락사무소장의 아들 형사사건을 청탁한 것인데 선고만 앞둔 사건을 변론 재개를 해서 공연음란죄로 죄명까지 바꿔 벌금형을 선고해 달라고 했다.

서영교 의원의 재판청탁은 권력형 부패범죄다. 대법원 예산과 법안 심의를 담당하고 있는 국회 법사위원의 청탁을 거절할 수 없었던 법원행정처는 해당 법원장을 통해 담당 재판부에 부탁할 수밖에 없었다. 박영선 당시 국회 사개특위 위원장이 "검경수사권 조정이나 공수처 설치에 영향을 미치려는 의도가 있는 것이 아닌지 의심스럽다"라고 한 것은 본인 스스로 부패 인지 감수성이 없다고 자백한 것이다.

✳

프랑스는 형법 제432-11조에 공무원이나 공공직무를 수행하는 자, 선출직 공무원이 법적인 권한 없이 본인 또는 제3자를 위하여 직접 또는 간접적으로 특혜 기타 유리한 결정을 얻기 위해 공공기관에 영향력을 행사하는 행위를 부패범죄로 규정한다. 10년 이하의 구금형과 100만 유로(약 12억 7,000만 원) 이하의 벌금형으로 처벌되는 중범죄다. 재판청탁 등 사법에 대한 침해행위에 대하여는 형법 제434-9조에 별도로 처벌규정을 두고 있다. 판사, 검사, 배심원, 법원과 검찰 직원이 법적 권한 없이 직무와 관련해 청탁하거나 받을 경우 10

년 이하 구금형과 100만 유로 이하 벌금형으로 처벌한다.

부패를 뜻하는 corruption은 '모두cor'와 '파괴한다rumpere'를 합친 라틴어 corrumpere에서 유래했다. 부패는 국가와 사회 모두를 파괴하고 산산조각내는 공동체의 적이다. 함무라비 법전에는 "건축업자가 집을 지었는데 그 집이 무너져 거주자가 사망하는 사고가 발생하면 건축업자는 사형에 처한다"라는 규정이 있다. 행동에 대한 책임을 다른 사람에게 전가하는 사회는 존속할 수 없고 행동에 반드시 책임이 뒤따르는 시스템만이 부패를 막는다.

부정청탁과 부패를 근절한다며 3만 원짜리 식사를 해도 되는지 온 나라가 야단법석을 떨며 시끄러웠던 김영란법이 2015년부터 시행된 지 6년이 지났다. 과연 대한민국은 부패 없는 깨끗한 나라가 되었는가. 국민들의 기억 속에 사라져 버린 김영란법은 무엇을 의미하는가.

중국 초나라 시절 민간에서는 비거庳車라는 수레가 유행했다. 그런데 바퀴가 작고 몸체도 낮아 말에게 불편했던 문제 때문에 초나라 장왕이 "바퀴를 큰 것으로 바꿔 수레를 높이는 법령을 하달하라"고 지시했다. 재상 손숙오는 "법령이 자주 내려가면 백성들은 어떤 것을 지켜야 할지 모릅니다. 수레의 높이를 올리고 싶으시다면 마을 입구로 들어오는 문의 문턱을 높이십시오. 수레를 타는 사람은 모두 군자입니다. 군자는 자주 수레에서 내리지는 않을 것입니다"라고 건의했다. 과연 반년이 지나자 불편함을 느낀 백성들은 스스로 수레를 높였다.

새로운 제도의 도입이 전부가 아니다. 공수처만 도입되면 검찰개혁이 다 될 것처럼 목소리를 높였지만 1년이 지난 현주소는 무엇을 보여주는가. 2004년 성매매방지법이 시행되었지만 15년이 지난 지금 성매매가 근절되었다는 소식은 들리지 않는다.

김영란법의 교훈은 정교한 법과 제도를 제대로 설계해야 한다는 것이다. 법과 제도는 명확하고 간단해야 한다. 법률전문가가 아니라도 누구라도 쉽게 이해할 수 있고 해석의 여지가 없어야 한다. 부정부패와 법집행자의 횡포는 바로 재량의 여지가 넓은 모호한 법령으로부터 시작된다. 김영란법에 위반되는지 여부를 법을 만든 국민권익위를 비롯해 누구도 자신 있게 말하지 못한다면 벌써 실패가 예정된 것이다.

또한 법과 제도는 효과적이고 비용이 적게 들어야 한다. 김영란법 시행을 앞두고 가뜩이나 내수가 침체되고 경제가 어려운 상황에서 축산농가들과 식당의 매출이 급감했다는 우울한 소식도 있었다. 그런 대가를 치르고도 부패가 근절된다는 보장만 있다면 좋겠지만 김상조, 임종석, 김두관, 황희 등 문재인 정권 실세들의 의문스러운 재산형성 과정을 보면 김영란법으로 상징되는 우리의 반부패 시스템이 완전히 고장 나 작동하지 않는 것은 아닌지 의문을 갖게 한다.

효과적이고 비용도 적게 드는 부패방지제도는 이미 반부패 선진국에 널리 도입되어 있다. OECD 부패방지 워킹그룹과 유럽평의회의 반부패기구GRECO 등에서 국제표준으로 권고하고 있는지 오래다. 과도한 금융 비밀을 완화하고 출처가 불분명한 자금이나 재산에 대해 본인 스스로 소명하지 못하면 그 자체로 처벌하는 '입증책임 전환규정' 등이 그것이다. 북유럽 국가들은 3만 원짜리 식사를 해도 되는 것인지를 놓고 요란을 떨지 않으면서도 반부패 선진국으로 자리 잡고 있다. 일류국가는 바로 이런 것이다.

프랑스의 반부패 개혁에서
배워야 할 것

문재인 대통령의 딸 가족이 청와대 관저에 입주해 생활하고 있는 것과 대법원장 공관에 김명수 대법원장 자녀 가족이 거주했던 것이 논란이 된 적이 있다. 프랑스였다면 모두 10년 이하 징역감이다. 프랑스는 형법 제432-15조에 '공공재산 유용죄détournement de fonds publics'를 두고 있다. 위반자는 10년 이하 구금형 및 100만 유로 이하 벌금으로 처벌된다. 선출직, 임명직 할 것 없이 공적 목적으로만 사용해야 할 공공재산을 사적 목적으로 유용한 일체의 행위를 처벌한다.

공관 등 공적 시설물을 사적 용도로 사용하거나 사적 목적을 위한 식사 접대 등도 모두 공공재산 유용죄 처벌 대상이다. 윤건영 전 청와대 국정상황실장의 착각이 바로 이것이다. 문재인 대통령 딸의 청와대 거주 사실에 대한 비판을 야비한 것이라 핏대 올렸지만, 중대 공직 부패라는 것이 글로벌 스탠다드다. 대한민국이 부패 문제에 있어 얼마나 후진국인지 우리만 모르고 있다.

2022년 3월 청와대가 김정숙 여사의 옷값 등 의전비를 공개하라는 법원 판결에 대해 공개될 경우 "공익을 해칠 수 있다"라는 이유로 항소했다. 무슨 '공익'을 해칠 우려가 있다는 것인지 이해하기 어렵다. 미국과 프랑스 모두 대통령이 사용하는 비용은 공개하고 공적 목적 아닌 사적 비용은 전부 개인 부담으로 하고 있다. 청와대에 거주했던 문재인 대통령의 딸 가족이 밥 먹고 쓰는 비용을 국민 세금으로 지출할 법적 근거가 없다. 개인 돈으로 지출되었는지 국가 세금인지 왜 밝히면 안 되는가. 김정숙 여사의 의상비가 국민 세금으로 공적 목적을 위해 쓰였는지를 국민이 알면 안 되는 이유는 무엇인가.

✻

이재명 전 지사의 부인 김혜경이 경기도 법인카드로 초밥과 소고기를 사 먹은 것도 모두 본질은 부패다. 프랑스 정치권도 우리와 분위기가 비슷한 듯 자크 시라크 전 대통령, 프랑수아 피용 전 총리, 중도파 정당MoDem 당대표 프랑수와 바이루도 모두 '공공재산 유용죄'로 수사받거나 기소되었다.

시라크 전 대통령의 경우 파리시장 재직 시절인 1990년~1995년 집권운동연합UMP의 전신인 공화국연합RPR 당원들을 위장 취업시켜 공금 140만 유로(약 21억 원)를 유용한 혐의로 대통령 재임 중에 기소됐다. 파리지방검찰청은 시라크가 당시 19건의 위장 취업을 성사시킨 것을 확인했다. 시라크는 대통령 재임 시절인 1995년~2007년 면책특권 덕분에 재판을 받지 않았지만, 퇴임과 함께 면책특권을 박탈당하면서 법정에 섰다. 시라크는 그동안 혐의를 계속 부인해 왔지만 2011년 12월에 집행유예 2년의 유죄를 선고받았다.

프랑스 국가금융검찰이 수사해 기소한 프랑수아 피용 전 총리의 경우 하원의원 시절인 1986년~2013년 부인과 자녀를 보좌관으로 허위 등록해 100만 유로(약 13억 7,000만 원)의 공금을 횡령한 혐의가 인정되어 2020년 6월 구금형 5년에 집행유예 3년을 선고받았다. 2021년 9월에는 책을 출간하면서 공금을 사용했다는 혐의가 새로 발견되어 국가금융검찰이 수사 중이다. 대선에 출마한 허경영 후보가 말은 바로 했다. "나라에 돈이 없는 것이 아니라 도둑이 많은 것이다."

아무리 K-시리즈가 좋다 해도 K-부패는 반드시 막아야 한다. 도덕성이 결여된 유능함은 범죄자의 길로 이어지고 수많은 선량한 사람들의 피눈물만 쏟게 한다. 공직자의 경우라면 국가의 도적이 될 뿐이다. 이재명 전 지사와 그 가족의 부패 의혹은 지방자치제도, 반부패제도가 완전히 고장 났음을 확인시켜 주었다. 근본적인 개혁 없이는 또 다른 '선출된 도둑들'에게 국가와 지자체의 운명을 맡길 수밖에 없다. 정치부패는 국가안보 차원에서도 심각하게 대처해야 할 문제다

＊

헨리 키신저의 저서 『중국 이야기』에는 한나라 시절 북방 흉노를 다루는 '다섯 가지 미끼'를 제안한 관리 이야기가 나온다.

"그들에게 멋진 옷감과 수레를 주어서 그들의 눈을 현혹시킬 것, 정교한 음식을 주어서 그들의 입을 회유할 것, 음악과 여인들을 주어 그들의 귀를 현혹시킬 것, 고대광실과 곡물 창고와 노비를 주어 그들의 배를 불려 줄 것, 그리고 자진하여 항복하는 자들에게는 황제가 호의를 보여 직접 연회를 베풀고 손수 술과 음식을 따라 주어 그들의 마음을 호릴 것. 바로 이것을 '다섯 가지 미끼'라고 부를 수 있으리라."

특정 국가가 국내 유력 정치인이나 실력자의 자녀들을 자국의 명문대에 유학시키고 취직시켜 주며, 친인척이나 제3자 명의의 사업체에 몇 대에 걸쳐 먹고 살 수 있도록 작정하고 밀어준 뒤 그 대가로 자국의 이익을 위해 각종 정책을 추진해 달라고 부탁하고 대가를 받은 정치인이나 실력자가 그에 응했다면 국가반역행위다. 미국이

든 중국이든 그 어떤 외국이라도 국가정책을 책임지는 주요 인물들은 위에서 말한 '다섯 가지 미끼'에 낚여 반국가 행위를 하고 있는 것은 아닌지 항상 투명하게 감시대상이 되어야 한다. 최근의 뇌물, 부패 양상은 과거와 완전히 차원이 달라졌다. 현찰이나 법인카드를 주는 고전적 수법은 한물가고 대신 사모펀드를 통해 시세차익을 얻도록 하는 등 매우 고도화되고 있다.

프랑스는 2013년 75퍼센트 부유세를 추진하던 올랑드 사회당 정부의 주무장관 제롬 카위작 예산부 장관이 스위스에 비밀계좌를 운용하던 것이 들통 난 사건을 계기로 프랑스의 반부패 시스템이 고장났다고 판단하고 20년 만에 대대적인 반부패 개혁을 추진했다. 2016년 최고 전문가들로 위원회를 만들어 공직 신뢰 회복을 위한 개혁 방안을 보고서로 냈고 이를 반영해 2016년 12월 9일 법률 2016-1691을 만들었다.

공공 부문과 민간 부문을 아우르는 반부패 개혁이고, 20년 만에 기존의 반부패제도를 완전히 뜯어고친 '반부패제도의 세계표준'으로 자랑하는 법이다. 2016년 반부패 개혁에서 가장 중요한 것은 '반부패청AFA(Agence française anticorruption)'을 신설한 것이다. 1993년 반부패 개혁으로 법무부 산하에 '부패방지처SCPC(Service central de prévention de la corruption)'를 설치했으나 20년 만에 폐지하고 훨씬 강력한 독립기구인 반부패청을 만든 것이다.

프랑스 반부패청은 반부패 관련 자문, 감독 및 부패방지 등 3가지 임무를 수행한다. 자문업무는 프랑스 내 모든 개인과 법인에 대해 할 수 있고, 공공기관이나 공기업뿐 아니라 민간기업에 대해서도 반부패와 관련된 모든 자문업무를 수행한다. 반부패 관련 일반기준과 지침도 공표한다. 감독업무는 반부패법 제17조에 규정된 기업과 공공기관 및 정부 부처와 행정기관을 대상으로 한다. 감독 결과 공표된 반부패 기준과 지침을 위반한 경우 제재위원회Commission des sanctions de l'Agence에 회부한다.

제재위원회는 3년 이내의 기간을 정해 시정조치를 명령할 수 있고 대표자에 대해서는 20만 유로 이하, 법인에 대해서는 100만 유로 이하 벌금을 부과할 수 있다. 예방업무는 프랑스의 경제적 이익 보호에 중점을 둔 것으로 프랑스의 경제, 산업, 기술 분야에 재직하는 공직자들이 외국과 관련하여 프랑스의 필수적 이익에 위반되는 부패행위를 하는지 감시하고 예방하는 것을 주된 임무로 한다.

반부패청장은 현직 고등검사장급 사법관으로 대통령이 임명하고 임기는 6년이다. 연임은 할 수 없다. 제재위원회는 국사원Conseil d'Etat 위원 2명, 회계감사원Cour des Comptes 위원 2명, 대법원 판사 2명 등 6명으로 구성된다. 전략위원회Conseil stratégique는 금융과 법무 분야 전문가 8명으로 구성되는데 법무부 장관, 예산부 장관, 외교부 장관, 내무부 장관이 각 2명씩 지명한다. 중장기 반부패 계획도 수립해 운영하는데 2020년에 '2020-2022년 국가반부패 추진 계획'을 수립해 집행중이다.

2006년에는 형법 제321-6조가 신설되었다. 부패범죄자의 입증책임 전환규정이다. 법적이든 사실적이든 불문하고 가족, 사실혼, 동거인 등 피의자와 '일상적인 연관 관계relation habituelle'에 있는 자가 본인 재산의 자금출처를 소명하지 못하거나 가공의 자금출처를 제공하여 은닉하였을 경우 3년 이하의 구금형과 7만 5,000유로 이하의 벌금에 처하도록 하였다. 프랑스 같으면 재산증식 과정을 제대로 소명 못 하는 고위공직자, 김두관 의원이나 임종석 전 비서실장 자녀들의 유학자금 출처를 본인이 직접 소명해야 하고 소명하지 못하면 그 자체로 처벌된다.

대장동 개발비리의 썩은 냄새가 진동하는데도 반부패 정책을 총괄하는 더불어민주당 소속 전현희 국민권익위원장은 침묵으로 일관했다. 국민권익위는 이재명 전 지사의 권력형 부패를 방지하는데 아무런 역할도 하지 못했다. 우리의 반부패 시스템은 완전히 고장났다. 국민권익위부터 해체한 뒤 강력하고 독립적인 반부패기구를 신설하고 프랑스처럼 효과적인 반부패제도를 설계하지 않으면 안된다. 반부패 시스템만 제대로 고쳐도 훨씬 살만한 세상이 될 수 있다. 부패와의 전쟁 없이 미래는 없다.

4장

정의의 여신, 지금
어디서 무엇을 하는가

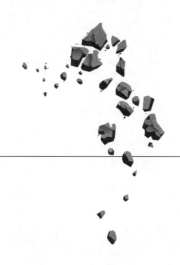

"한국 검찰의 직접수사권을 박탈하는 법안에 설득력 있는 근거가 없다. 누군가 한국 검찰의 엄정하고 체계적인 수사를 두려워하는 것으로 보인다. 보통은 고위층이다."

　　　　　　　　　　　　　-드라고 코스_OECD 뇌물방지 워킹그룹 의장

권위주의 시대 유산,
검찰과 경찰 그리고 법원

　문재인 정권 검찰개혁의 첫 번째 상징, 공수처의 총체적 실패가 보여주듯 성공적인 검찰개혁을 위해서는 제대로 된 각론을 만드는 것이 중요하다. 인권과 형사사법체계 전반에 관한 중대 사안이고, 검경수사권 조정 문제만 해도 검찰과 경찰만이 당사자가 될 수 없다. 검·경의 권한 분배 차원에서 논의할 일도 아니다.

　문제의 근본 원인은 검찰과 경찰 모두 과거 유신과 5공 군사정권 권위주의 시대의 유산이기 때문이다. 1987년 민주화 이후에도 유일하게 변하지 않은 것이 검찰과 경찰, 사법부다. 우리의 검찰과 경찰은 선진국에서 보기 힘든 단일한 중앙집권적 조직과 권한을 갖고 있고 이를 대통령의 인사권으로 통제하는 구조다. 사법부도 마찬가지다. 대통령이 임명하는 대법원장이 전국 판사에 대한 인사권을 행사함에 따른 수많은 문제점이 김명수 대법원장 체제에서 극명하게 표출되었다.

검찰은 대검찰청을 중심으로 전국의 검찰이 피라미드처럼 단일화된 구조를 가지면서 검찰총장을 중심으로 전국 검찰이 일사불란하게 움직일 수 있도록 조직화 되어 있다. 민정수석실 폐지로 달라지겠지만 청와대 민정수석실–대검찰청 또는 법무부 검찰국–일선 검찰청으로 이어지는 지휘 체계가 갖추어진 가운데 법무부 장관이 제청하고 대통령이 임명하는 검사 인사제도를 통해 집권 정치세력이 전국 검찰의 수사에 직간접적으로 개입할 수 있는 구조가 지금까지 내려왔다.

대검찰청–고등검찰청–지방검찰청–지방검찰청 지청으로 단계적으로 내려가는 지휘 체계가 아니라 지방검찰청이나 지청에서도 상급기관인 고등검찰청이나 지방검찰청을 경유하지 않고 곧바로 대검에 직접 보고하고 지휘를 받는 체제였다. 그러다 보니 검찰총장에게 권한이 집중되고 대검 참모인 각 부서 검사장들이 전국의 사건을 보고받고 통제하면서 대검찰청은 지나치게 비대화 되어 있는 것이 현실이다. 이에 따라 중추적 역할을 하여야 할 고등검찰청은 상대적으로 역할과 존재감이 별로 없는 조직으로 전락하고 말았다.

사법부도 마찬가지다. 대법원장은 임기 6년 동안 제왕적 권력을 누릴 수 있다. 대법관을 비롯한 전국 판사에 대한 인사권을 행사하고 예산권과 사법행정권, 헌법재판관 등 주요 고위공직자 지명권도 대법원장의 권한이다. 따라서 역대 모든 정권에서 대통령이 대법원장을 누구로 임명할지 초미의 관심사였다. 김명수 대법원장 체제에서 우리법연구회나 국제인권법연구회 소속 법관들이 법원행정처와 서울중앙지법의 주요 보직을 독차지하면서 그 문제점과 부작용이 극단적으로 표출되고 말았다.

경찰도 예외가 아니다. 검찰이 무소불위의 권력으로 비판받지만, 경찰 역시 세계에서 유례가 없는 단일한 국가경찰체제를 갖고 있다. 경찰청장에게 전국 경찰의 인사와 예산, 수사와 정보, 경비에 관한 권한이 집중돼 있다. 특히 경찰청 정보국을 중심으로 전국에 방대한 정보조직을 운영하고 있는 경찰 정보의 문제는 가볍게 볼 문제가 아니다.

문재인 정권 출범 직후 국정원 국내정보 업무가 폐지됨에 따라 국내정보 업무는 유일하게 경찰이 담당하고 있는데 청와대 국정상황실을 창구로 경찰로부터 보고받은 정보를 국정 운영에 참고하고 있다. 정보 업무에서의 국정원과 경찰의 상호 견제와 정보의 검증 체계가 무너졌고, 고위공직자 인사검증마저 경찰이 독점하고 있는 것이 현실이다.

종전에는 그나마 검사의 수사지휘를 받아 어느 정도 견제가 가능했지만, 경찰은 수사권 조정 이후 독자적 수사권을 행사함에 따라 정보와 수사의 결합을 통해 통제받지 않는 거대권력이 될 위험성이 커졌다. '검수완박'의 이름으로 검찰이 직접수사권을 갖고 있던 6대 범죄수사권 중 부패범죄와 경제범죄만 남기고 수사권이 폐지됨에 따라 경찰의 권력집중으로 인한 부작용을 예상하는 것은 어렵지 않다. 무소불위의 검찰이 무소불위의 경찰로 바뀌는 것은 시간 문제다.

따라서 검찰개혁뿐만 아니라 경찰, 사법부를 망라하여 87년 체제를 극복하는 것이 시대적 과제가 되어야 한다. 그 방향은 집권 정치세력이 인사권을 통해 수사와 재판에 부당하게 개입하지 못하도록 인사의 독립성과 객관성을 강화하고 중앙집권화된 조직을 분권화하는 것이어야 한다. 검찰개혁이라는 명목으로 지난 5년간 경찰권력을 유신과 5공 시절보다 더 강력하게 만들어 버린 것은 엄청난 역사적 과오가 아닐 수 없다.

대선 패배 이후 새 정부 출범 전에 '검수완박'을 마무리하겠다며 국회 다수의석으로 밀어붙인 더불어민주당은 개혁에 대한 기본적인 생각 자체가 없는 것 같다. 향후 발생할 수도 있는 무소불위의 경찰국가체제의 위험성에 대해 과소평가하고 있어 문제가 심각하다.

＊

우리와 달리 경찰국가체제의 위험을 사전에 차단하기 위해 대륙법계와 영미법계 모두 경찰권력에 대한 통제를 형사사법제도의 기본으로 하고 있다. 대륙법계의 경우 사법경찰과 행정경찰을 나눠 사법경찰은 검사의 지휘를 받는 방식으로 통제한다. 반면 영미법계는 경찰조직 자체를 여러 개로 나누는 방식이다.

프랑스는 중앙경찰조직이 내무부 소속 경찰Police nationale, 국방부 소속 헌병경찰Gendarmerie nationale로 나누어져 있으며 지방경찰도 별도로 있다. 연방 국가인 독일은 일반사법경찰 업무를 연방경찰과 지방경찰, 일반경찰과 군경찰이 나누어 맡고 있다. 스페인도 국가경찰과 시방경찰, 일반경찰과 군경찰이 별도로 조직되어 있다.

이탈리아도 내무부 소속Polizia di Stato, 재무부 소속Guardia di Finanza, 국방부 소속Arma dei Carabinieri으로 일반 경찰조직이 나누어져 있다. 유럽은 역사적인 전통으로 인해 국방부 소속 군인경찰이 주로 농촌 지역의 일반사법경찰 업무를 담당해왔다. 독일은 군인경찰이 8만 명, 프랑스는 9만 5,000명, 스페인은 6만 5,000명 정도로서 일반경찰 못지않은 상당한 규모이다. 일본도 사법경찰과 행정경찰, 국가경찰과 자치경찰로 분리되어 있다.

미국은 연방경찰FBI과 주 경찰, 연방마약수사국DEA, 증권범죄 수사를 담당하는 연방증권거래위원회SEC 등으로 나누어져 있고, 영국 역시 Scotland Yard라 불리는 수도 경찰, 국가범죄수사청National Crime Agency, 범죄수사청SFO(Serious Fraud Office), 이민과 관세범죄를 담당하는 국경수사국BF(Border Force) 등 다양한 수사기관으로 경찰 조직이 분산되어 있다.

반일反日 문제가 계속 논란이 되고 있지만 10일간의 경찰구속제도가 대표적인 일제 잔재라는 사실은 잘 알려져 있지 않다. 경찰구속제도는 1912년 일제가 조선 식민지 무단 통치를 위해 만든 조선형사령 제13조에 사법경찰이 14일간 구류(구속) 또는 유치할 수 있던 것에서 비롯되었다. 이 제도가 도입된 때가 일제가 조선을 헌병경찰을 통해 무단통치하던 시절이다. 당시 일본은 프랑스의 예심제도를 본받아 형사소송법에 예심수사 권한을 예심판사에게 부여하고 있었는데 조선에서는 헌병경찰을 통한 무단통치를 위해 사법경찰관에게 예심판사의 권한을 그대로 부여한 것이다. 1919년 3·1 운동 이후 1920년대 문화통치라는 이름으로 유화정책을 추진하면서 1922년 조선형사령을 개정했는데 그때 구류기간이 14일에서 10일로 바뀌었고 그것이 지금까지 내려오고 있는 경찰구속제도의 기원이다. 일본은 1945년 패전 직후 경찰구속제도를 폐지하고 48시간 체포권만 인정하고 있다.

우리는 공수처에 이어 중대범죄수사청까지 만들어 일제의 경찰구속기간 10일을 확대해 나가겠다며 정권의 모든 역량을 집중시켰다. 경찰은 그것도 모자라 헌법을 개정해 경찰의 영장청구권까지 도입하겠다고 끊임없이 추진 중이다. 2018년 3월 20일 청와대가 발표한 헌법개정안에는 검사영장청구권 규정 삭제가 포함되기도 했다. 경찰이 의도하는 바는 이승만 정권 자유당 시절의 형사소송법체제로 돌아가겠다는 것이다. 1954년 제정된 형사소송법 제201조는 구속영장 청구권자를 '검사 또는 사법경찰관'으로 하고 있었다.

그러나 1960년 4·19 혁명이 일어났고 경찰국가의 폐해를 근본적으로 차단하고자 1962년 헌법 개정 때 제10조 3항에 검사(검찰관)의 영장청구권 규정이 도입되었다. 경찰구속제도는 내가 아는 한 전세계 선진국 중 우리나라만 있는 것이다. 경찰에 48시간 내외의 체포권만 인정할 뿐이다. 유럽인권협약 등 국제인권규약도 경찰이 피의자를 체포할 경우 '최단시간 내에' 판사와 검사 등 사법관에게 인치하도록 규정하고 있고, 이것이 경찰의 체포구속에 관한 글로벌 스탠다드다.

정권 5년 내내 검찰개혁을 추진한 문재인 대통령이나 대선 패배 이후 검수완박을 강행하며 경찰에 검찰의 모든 수사권을 넘겨주려는 더불어민주당은 유신과 5공, 자유당 시절의 경찰로 회귀해 경찰국가를 만들겠다는 것인가. 그렇게 반일을 외치면서 정치적으로 이용해 왔던 문재인 정권과 더불어민주당이 유독 형사사법제도만 일제 강점기의 그것으로 되돌리려는 이유는 무엇인가. 다시는 경찰국가로 되돌아가서는 안 된다는 1962년 헌법 개정 당시의 국민적 합의와 헌법정신이 지금 바뀌었다는 어떤 증거도 없다. 검찰개혁은 일제 잔재인 경찰구속기간 폐지 등과 함께 1987년 민주화에서 미완의 영역으로 남아 있던 일제 강점기와 권위주의 시대의 유산을 청산하는 차원에서 경찰개혁과 함께 종합적으로 논의되지 않으면 안 된다.

*

20년 이상 검찰개혁의 목소리가 높았지만, 성과가 없었던 이유는 검찰 스스로 과거와 완전히 단절하는 모습을 보여주지 못했기 때문이다. 정치권 역시 진정한 검찰개혁의 비전과 전략을 제시하지 못했다. 그동안의 검찰개혁이 실패한 첫째 원인을 찾는다면, 개혁의 비전과 전략 부재다. 개혁이 성공하기 위해서는 모두가 공감할 수 있는 비전과 목표가 가장 중요하다.

정치검찰, 무소불위의 검찰을 개혁해야 한다고 하면서도 미래지향적이고 발전적인 밑그림은 없었다. 방법론에서도 상설특검이나 공수처 신설, 검경수사권 조정 수준을 벗어나지 못했다. 이제는 난데없이 '검수완박'이다. 모든 준비가 완벽해도 쉽지 않은데, 이런 상황에서 검찰개혁이 성공하지 못한 것은 당연한지도 모른다.

검찰개혁 실패의 둘째 원인은 정치적·정파적 접근의 한계 때문이다. 사법제도는 국가 정치질서의 일부다. 검찰개혁이 국회에서 논의되고 결정되는 정치과정임은 당연하지만, 정치적 이해관계에 따라 함부로 결정되어서는 안 된다. 특히 개혁을 빌미로 검찰의 정치적 예속을 가속화하는 결과를 가져와서는 곤란하다. 지루하고 피곤한 정치적 공방만 있었을 뿐 검찰개혁이 국가사법시스템 재설계와 구조조정에 관한 중대 사안임을 인식한 진지함이나 공부하려는 노력은 부족했다.

국가 백년대계를 설계한다는 마음으로 책임과 최선을 다해야 한다. 여당과 야당뿐 아니라 법무부, 법원, 학계, 언론계 등도 모두 참여한 가운데 깊고 충분한 논의가 이루어져야 한다. 개혁 대상이라는 이유로 검찰이 전면적으로 배제되어서도 곤란하다. 지난 5년간의 검찰개혁은 군사작전처럼 밀어붙였고 검찰은 개혁의 대상이라는 이유로 완전히 소외되었다. 검찰에 정통한 학계와 실무계의 합리적 목소리도 끼어들 여지가 없었다. 철저히 정치적 목표에 의한 정치적 개혁으로 끝난 문재인 정권의 검찰개혁이었다.

셋째 원인으로 사법개혁과 경찰개혁과의 연계 부족을 지적할 수 있다. 검찰과 법원은 제도적으로 긴밀히 연계되어 있기 때문에 검찰개혁과 사법개혁은 분리되어 추진될 수 있는 것이 아니다. 형사사법 시스템의 변화도 당연히 수반된다. 검찰개혁은 국가 사법체계의 전반적인 구조조정 차원에서 이루어지는 것이 마땅하다.

검찰개혁은 경찰개혁과도 불가분의 관계다. 경찰청장 등 인사권을 가진 행정경찰이 수사를 담당하는 사법경찰의 수사에 관여하는 것은 중대한 문제다. 세계적으로도 가장 중앙집권적이고 강력한 단일 국가경찰체제 중 하나인 우리 경찰제도에서 정보와 수사가 결합될 때 발생할 수 있는 부작용, 특히 경찰수사에 대한 검사지휘가 배제되었을 때의 문제점에 대해서는 심각한 고민이 필요하다.

형사사법개혁과의 연계도 중요하다. 부패범죄나 금융경제범죄 같은 중대범죄수사가 효율적으로 이루어질 수 있도록 조직과 권한이 조정되어야 하고 검찰의 인권보장기관으로서의 역할과 권한도 더욱 강화되어야 한다. 준사법기관이자 공익과 사회의 대표자로서 검찰권 행사를 다양화하는 방안도 모색할 필요가 있다. 검찰의 수사결과에 대해서도 더 엄격히 책임을 물을 수 있는 제도적 장치가 보완되는 개혁이어야 한다.

마지막으로 기본적 연구 성과의 부족을 지적해야 한다. 우리만큼 검찰개혁의 목소리가 높은 나라도 없지만, 우리만큼 검찰제도에 관한 연구가 빈약한 나라도 없다. 검찰제도가 본질적으로 무엇이고 우리 검찰은 어떤 발전과정을 거쳤는지, 외국 검찰제도는 어떠한지 이에 대한 종합적인 비교 연구와 이해 없이 검찰개혁을 말할 수 없다.

우리와 같은 대륙법계 검찰로서 2차 대전 이후 대대적인 개혁이 진행된 프랑스, 독일, 이탈리아의 개혁 사례가 특히 중요하다. 2차 세계대전 당시 나치와 파시스트 치하에서 검찰이 정치적 도구로 이용되었던 과거를 제도적으로 극복한 역사가 있기 때문이다. 프랑스 검찰개혁 역사상 검찰 독립과 정치적 중립에 관한 최고의 보고서로 꼽히는 트루시 위원회Commission Truche의 1997년 사법개혁 보고서도 빼놓을 수 없는 검토 대상이다.

프랜시스 후쿠야마가 강력한 국가, 법치주의, 책임정부를 모두 갖추었다고 높이 평가한 덴마크의 검찰제도부터 연구하는 것은 어떨까. 앞서 여러 차례 소개한 2000년 10월 6일 유럽평의회 각료위원회가 채택한 「형사사법제도에서의 검찰의 역할」 권고는 47개 회원

국이 합의한 검찰제도에 관한 국제적 표준인데 심층적 연구는 고사
하고 학계에 소개조차 되지 않고 있는 것이 우리의 현실이다.

프랑스 검찰개혁위원회의
네 가지 테마

2019년 9월 세계경제포럼WEF이 발표한 국가경쟁력 순위에서 우리나라는 13위를 기록했다. 그중 법체계 효율성은 45위, 정부 정책 안정성은 76위, 정부규제가 기업활동에 초래하는 부담은 87위다. 검찰개혁이 국가경쟁력 강화를 위한 제도개혁이 되어야 하는 이유다. 검찰개혁의 성공을 위해서는 먼저 국민들에게 개혁 후 검찰의 모습에 관한 확실한 청사진을 제시하고 설득할 수 있어야 한다.

과거로 회귀하거나 파괴적인 검찰개혁은 아무런 도움이 되지 않는다. 사회적 논란만 불러일으킨 채 기존에 있던 검찰의 순기능마저 잃어버릴 가능성이 크다. 미래지향적인 개혁을 위해서는 검찰의 본질과 본연의 임무를 다시 새기면서 바람직한 검찰상에 대해 국민의 다양한 목소리를 경청하는 것이 중요하다. 검찰개혁은 정치권의 이해관계와 시각만을 반영하여서도 안 되고, 검찰의 입장만을 고려할 수도 없는 문제다. 변화된 환경에 대한 고려도 적절히 반영될 필요가 있다.

검찰 독립과 정치적 중립을 보장하기 위한 최선의 검찰제도는 무엇인지, 글로벌, IT 혁명 시대의 검찰은 어떻게 변해야 하는지, 부패 수사와 금융경제범죄 수사체제는 어떻게 갖추어 나가야 할 것인지, 복지와 저성장 시대에 국가 경제를 고려한 바람직한 형사사법시스템은 무엇인지, 이런 모든 사항들에 대한 충분한 검토와 대안을 반영할 수 있어야만 제대로 된 검찰개혁이라 할 수 있다.

＊

이를 위한 유용한 참고 사례로 2013년 프랑스의 검찰개혁을 살펴보자. 프랑스 검찰개혁위원회는 '검찰의 현대화Modernisation du Ministère public'를 목표로 4개 주제를 검토했다. 형사정책의 방향과 변화(1주제), 사법경찰 지휘(2주제), 검찰권 범위의 재정의(3주제), 검찰 조직(4주제)이 그것이다. 위원장은 전 검찰총장 장 루이 나달이 맡았고 관계기관 전문가들이 빠짐없이 위원으로 참여했다. 일반에도 공개되는 보고서는 2013년 11월 30일까지 완료되어 의견 조회를 거친 뒤 확정되었고 2014년 상반기에 부분적으로 관련 입법이 추진되었다.

프랑스는 형사정책을 중장기 계획으로 수립한 뒤 이를 연차적으로 추진한다. 추진 전략과 정책의 우선순위가 가장 중요하게 고려되고, 깊이 있는 현상 분석이 필수적으로 이루어진다. 2002년의 경우를 사례로 들면 「사법의 방향과 프로그램을 위한 2002년 9월 9일 법률 2002-1138」을 통해 2003년부터 2007년까지 5개년 계획으로 사법개혁이 추진되었다.

소년형사사법개혁, 시민판사제도 도입, 형사사법의 단순화와 효율화, 교정행정개혁, 행정법원개혁이 이 기간 동안 이루어졌다. 특히 5년간 소요될 예산에 관해서도 법률에서 미리 규정하여 5년간 17억 5,000유로가 투입되고 10,100명의 인원을 증원하는 내용도 포함되었다. 이런 방식의 정교한 중장기 형사정책은 지금도 계속되고 있다. 프랑스의 경우처럼 사법개혁과 중장기 형사정책의 중요성은 아무리 강조해도 모자람이 없다. 과거와는 차원이 다른 근본적인 도전이 일상화된 형사사법 환경에서 더욱 그러하다.

2002년 사법개혁이나 2013년 검찰개혁 사례에서 볼 수 있듯 프랑스는 개혁의 목표도, 임무도, 추진 일정도 명확했다. 모든 것이 공개됐다. 투명했다. 개혁을 하려면 이렇게 해야 하지 않겠는가. 검찰개혁이 항상 사회적 이슈가 되고 정쟁의 대상이었지만 과연 이 정도의 진지함과 진정성이 있었던가. 법무부나 대검도 나름대로 노력했지만, 프랑스의 사례에만 비추어 보더라도 아직 미흡한 점이 많다. 총론은 누구나 말하기 쉽지만, 각론은 엄청난 내공과 디테일이 요구되는 부분이다. 할 일이 태산 같은데 검찰개혁을 완수해야 한다며 검수완박으로 날을 지새우고 있는 우리의 현실은 얼마나 후진적인가.

프랑스는 우리처럼 검찰개혁 문제로 시끄럽지 않지만, 조용히 그러나 내실 있게 차근차근 개혁을 추진했다. 일류국가의 힘이다. 정치권은 물론 언론, 학계, 재야 법조계, 시민사회도 지금까지와는 다른 시각으로 검찰개혁 문제를 바라볼 때가 되었다. 기본적인 연구가 부족했다는 점을 겸허히 받아들이고 지금이라도 차분히 모두의 지혜를 모아 공부하고 토론할 때다. 검찰개혁은 정치적 이해관계를 넘어 국격에 걸맞은 최선의 검찰제도를 만들어내는 개혁이어야 한다.

한편, 검찰개혁은 국가개혁이라는 거시적 관점에서 추진되어야 한다. 검찰이라는 하나의 국가기관을 넘어 사법제도와 형사사법시스템 전반에 변화를 가져온다는 점을 염두에 두고 성과와 부작용 모두를 고려해 설계되지 않으면 안 된다. 문재인 정권 검찰개혁이 실패로 돌아갈 수밖에 없었던 이유도 국가개혁 차원에서의 검찰개혁이라는 거시적 관점이 없었기 때문이다. 그 결과 형사사법시스템은 제대로 작동하지 않았고 권력형 범죄와 거대금융범죄에 대한 국가적 대응능력은 심각한 타격을 입었다. 검찰개혁을 비롯한 형사사법개혁은 피의자의 인권과 피해자의 인권이 서로 조화와 균형을 이루어야 하고 효과적이어야 한다. 정교하게 설계되어야 할 뿐 아니라 사후 엄밀한 정책 평가와 피드백을 통해 끊임없이 교정해 나가야 한다.

형사사법개혁을 요구하는 국민들의 목소리도 이전보다 훨씬 커졌고 빠른 변화를 촉구하고 있다. 정책 스펙트럼도 이전과 비교할 수 없을 정도로 넓어졌다. 다양한 변수는 모든 정책에서 당연한 상황이 되었다. 언제부터인지 사회적 이슈가 되는 중요 사건이 생길 때마다 국회에서 경쟁적으로 졸속적인 의원 입법안이 제출되고 입법까지 이루어지고 있는 현상은 매우 우려스럽다. 다른 형사처벌규정과의 균형이나 형사사법체계와의 조화를 고려하지 않은 설익은 법안보다 정확한 분석과 진단이 먼저다.

프랑스는 사법개혁을 추진할 때 70퍼센트를 현상 분석, 30퍼센트를 대안 제시에 할애한다. 치밀한 현상 분석을 통해 근본 원인을 파악하는 데 주력하고 입법에 따른 영향 평가와 소요 예산 파악이 정밀하게 이루어진다. 이럴 때일수록 법무부가 주무 부처로서 중심을 잡고 역할을 강화해 나갈 필요가 있다. 국민과 소통하는 가운데 형사사법과 형사정책의 큰 틀을 제대로 설계해 나가지 않으면 안 된다.

형사사법이 추구해야 할 근본적인 가치와 지향점이 무엇인지 잘 살피고 정책 우선순위를 명확히 해야 한다. 다양한 가치들이 조화와 균형을 이룰 수 있는 형사사법을 정립해 나가야 한다. 정책추진 수단으로서 예산의 중요성도 간과할 수 없고, 최소의 예산으로 최대의 효과를 거둘 수 있는 형사정책이 무엇인지도 근본적으로 검토되어야 한다. 검찰개혁은 검찰 스스로를 위해서도 더 이상 미룰 수 없다.

국가 법질서를 확립하는 사정의 중추기관이자 준사법기관으로서 책임을 다해도 모자랄 판에 정치적, 사회적 논란에 휩쓸려 계속 논쟁의 대상이 되는 것 자체가 바람직한 일이 아니다.

검찰개혁의 숨겨진 열쇠,
인사제도 혁신

검찰 고위간부 인사만큼 한국 언론과 여론의 관심이 집중되는 경우가 있을까. 검사장 인사가 발표되면 출신 지역과 고교, 대학까지 표로 만들어져 언론 보도가 나오는 나라는 우리 말고 없다. 장관 이름은 몰라도 주요 검사장 이름을 국민들이 아는 사회는 분명 정상이 아니다. 그러나 검찰수사로 인한 정치·사회·경제적 파급이 너무 크기 때문에 검찰 고위간부의 인사 향방이 중요할 수밖에 없다.

수사권을 가진 검찰을 인사권으로 통제하는 시스템은 정권 입장에서 너무나 매력적이다. 선출된 권력의 인사권으로 무소불위의 검찰을 통제한다는 논리가 그럴듯해 보이지만, 인사권으로 검찰을 정권에 예속시키려 했다는 것을 문재인 정권 5년이 보여주었다. 검사 인사제도가 가진 구조적 문제의 해결 없이 검찰개혁을 말하기 어렵다는 것을 전 국민이 알게 된 것이 지난 정권 5년의 교훈이다.

인사는 당사자인 검사에게도 절대적이다. 내 경우도 2001년 법무부 법무심의관실 근무 이후 법무부에 여러 차례 근무하며 정책기획 분야의 전문성을 쌓아왔고 주프랑스 대사관 근무에 『검찰제도론』 책까지 집필했다. 그러나 검찰개혁이나 형사사법개혁 관련 부서에는 한 번도 일할 기회가 없었고, 2015년 2월 인사에서 검사장 승진에서 탈락하고 서울고검으로 발령 나자 순천지청장을 마지막으로 바로 사표를 낼 수밖에 없었다.

검사장 승진이 안 되더라도 조직에서 전문성을 살린 역할을 할 수 있다면 얼마든지 근무할 생각이 있었지만 그런 기회는 주어지지 않았다. 법무부 인권정책과장으로 1년 6개월 근무하고 인권국 업무를 잘 알고 있었기 때문에 인권국장과 대검 검찰연구관을 지망했으나 서울고검 공판부 검사로 발령 났고 일주일 만에 사표를 냈다. 당시 49세였고 63세 정년까지 한참 남았는데 전문성을 살려 일할 수 있는 아무런 역할도 없는 검찰에 남아 있을 수가 없었다. 돈을 벌고 싶어 변호사 개업을 한 것이 아니라 더 이상 희망과 미래가 없어 검찰에 사표를 냈다.

＊

　검찰 인사는 기수별 '전진 인사'가 특징이다. 사법연수원 임관 기수별로 10명 정도 검사장 승진을 하고 그 대열에 끼지 못하면 전원 고검 검사로 발령낸다. 아무리 20년 이상 특수통, 기획통으로 역량을 쌓아도 고검으로 가야 한다. 패자부활전 같은 것은 없다. 한번 고검 검사로 발령받으면 다시 일선 지검 차장이나 주요 지청장 등 간부로 발령받는 경우는 없다.

　고검에서는 지방검찰청이나 지청의 무혐의 처분 고소사건의 항고사건을 주로 하고 고등법원 사건의 공판업무, 감찰업무를 한다. 더 이상 전문성을 살려 특수수사를 하거나 정책기획 업무에 관여할 기회는 없다. 변호사 개업을 할 것인지 아니면 63세 정년까지 고검이나 지검의 중요경제범죄수사부에 근무하는 것 중에서 양자택일의 선택만 남는다.

　50세를 전후해 20년 이상 경륜과 실력을 쌓은 검사들이 고검으로 사실상 용도폐기 된다고 해도 과언이 아니다. 지검이나 지청의 형사부에는 저년차 검사들이 중요한 사건을 담당하고 있는데 고검에서 20년 이상 경력의 베테랑 검사들이 일선 수사에서 배제된 채 항고 업무를 하고 있는 것은 개인적으로나 국가적으로 엄청난 손실이 아닐 수 없다.

　사정이 이렇다 보니 검사들은 인사에 목을 매기 마련이다. 특히 검사장 승진을 위한 경쟁이 치열하다. 정권이 바뀔 때마다 실력이나 실적과 무관하게 학연, 지연에 따라 검사 인사가 요동치고 '광어, 도다리, 잡어'론으로 수군댄다. TK가 광어였던 시절이 있었지만 PK, 호남을 거쳐 586 운동권 출신 권력자들과 인연이 깊은 서울대 운동권 출신이 문재인 정권의 '광어'로 화려한 시절을 보냈다. 과거에는 정권이 바뀌더라도 실력을 인정받은 검사들 중에서 주요 보직 발탁이 이루어졌는데 문재인 정권 때는 이마저도 무시되었다. 실력과 경험이 없으니 업무가 감당이 안 되고 사방에서 사고가 났다. 주요 수사가 제대로 이루어지지 않은 속사정도 상당 부분 이것과 관련이 있을 것이다.

노무현 전 대통령의 '전국 검사들과 대화'로 기억이 생생한 전국 검사들의 '검란檢亂'도 본질은 인사 문제였다. 2003년 3월 참여정부 첫 검찰 고위간부 인사는 기존 고위 검찰간부들을 숙청하려는 정권의 속셈을 감춘 채 검찰 조직에 '새바람을 불어 넣기 위한 서열과 기수 파괴'로 포장되었다.

도태되어 마땅한 일부 정치검사들도 있었지만 뛰어난 능력과 경륜으로 신망 높던 쟁쟁한 검사장들이 인사의 칼바람에 사라져갔다. 법무부 법무실장과 서울지검장으로 연이어 모셨던 유창종 전 대검 중수부장 같은 분이 대표적이다. 서울지검 강력부장 시절 같은 부 소속 홍준표 검사가 수사하던 정덕진 슬롯머신 사건을 지휘해 구속시키는 등 비리를 저지른 권력 실세들을 처단했고 대검 초대 마약과장으로서 우리나라가 마약 청정국으로 자리 잡을 수 있도록 기틀을 다진 분이다. 검찰총장을 해도 모자랄 최고의 검사가 전 정권 적폐 검사로 찍혀 나갔다. 당시 서울지검 형사8부 수석검사였던 나와 동료 검사들이 검사장실로 몰려가 눈물로 사퇴를 만류했던 기억이 아직도 생생하다.

문재인 정권 5년의 검사 인사는 역대 최악이었다. 정권 출범 직후 법무부 장관과 검찰총장이 모두 공석인 상태에서 단행한 검사장급 고위검사 인사를 통해 전 정권에서 임명된 검사장들을 모두 인사 조처했다. 살아있는 권력 비리를 수사한다는 이유로 현직 검찰총장이 아무런 혐의 없이 징계 처분으로 쫓겨났고, 소위 '윤석열 사단'과 수사팀은 공중분해 됐다. 정권의 뜻에 거스르는 수사를 하는 순간 곧바로 다음 인사에서 배제되었고 친정권 검사들이 그 자리를 채웠다.

*

역대 어느 정권을 막론하고 청와대 하명 수사, 표적 수사 논란이 끊이지 않은 것이나 살아있는 권력에 대한 수사가 어려운 것도 이런 인사제도의 한계 때문이다. 과거 박상천, 천정배 장관이나 이번 추미애, 박범계 장관의 경우처럼 현역 여당 국회의원이 법무부 장관으로 임명되는 데 아무런 제한이 없기 때문에, 검사 인사제도를 근본적으로 바꾸지 않고서는 검찰의 정치적 중립성을 아무리 말해 봐야 소용없다.

"검찰의 독립 없으면 공정함이 없고, 공정함이 없으면 정의도 없다"라는 전 프랑스 검찰총장 장 루이 나달의 지적은 검찰 독립의 의미를 정확히 말해준다. 그 핵심은 검사 인사권이다.

1992년 피에트로 검사가 이끈 이탈리아 밀라노 검찰의 '마니 풀리테(깨끗한 손)' 수사는 정치부패 수사의 전설이다. 2년간의 수사를 통해 전체 국회의원의 25퍼센트인 177명을 포함 6,000여 명이 부패혐의로 조사받았다. 4명의 전직 총리 등 1,400명이 기소되었고 2,500만 달러의 불법 정치자금 수수 혐의를 받던 사회당 소속 크락시 총리는 해외로 망명했다. 이 수사로 40년간 이어져 오던 기민당, 사회당, 공산당의 3당 체제가 무너졌다.

이탈리아 검찰의 마니 풀리테 수사는 독립성이 보장된 인사제도 덕분에 가능했다. 파시스트 정권 아래에서 법원과 검찰이 정치적 도구로 전락했던 역사를 반성하며 1948년 헌법을 개정해 독립기구인 '최고사법평의회Consiglio superiore della magistratura'를 신설해 판사와 검사의 인사와 징계를 관장하도록 만든 것이 핵심이다. 검사를 판사와 동일한 지위로 했고 '사법관 부동성不動性 원칙'도 헌법에 명문화했다. 징계에 의하지 않는 한 검사 본인의 의사에 반해 승진, 전보되지 않는다는 신분보장 원칙이다. 프랑스도 1946년 헌법 개정을 통해 대통령의 검사 인사권을 배제하고 최고사법평의회Conseil supérieur de la

Magistrature가 관여하도록 했다.

　검찰의 공정성과 정치적 중립성을 확보하기 위해 독립성을 강화해야 한다. 그러나 독립성만 강조하면 검찰 파쇼로 흐른다. 검사로서의 책임과 의무를 망각하고 일을 하지 않으면서 정년이나 채우려는 무능하고 무책임한 검사들을 적절히 퇴진시킬 수 있는 장치도 반드시 필요하다. 검찰의 독립과 책임의 조화, 정권교체에도 흔들림 없이 뛰어난 검사들이 전문성과 경륜을 살려 국가를 위해 헌신할 수 있는 인사제도 개혁이 숙제다.

좋은 형사사법제도의
조건

프랑스 형사소송법이 제정된 1958년 이후 최대의 개혁이 2004년 단행되었다. 400여 개 이상의 법률 조문을 신설하거나 개정하면서 형법과 형사소송법, 형사특별법을 포괄하는 국가 형사사법제도의 근본 틀을 바꾸는 개혁이었다. 그 개혁 법안의 의회 제안 연설에서 도미니끄 페르뱅 프랑스 법무부 장관은 좋은 형사사법제도를 위한 네 가지 조건을 들었다. 첫째, 형사사법제도는 그 시대를 반영하여야 하고, 둘째, 형사사법제도는 목적 달성을 위해 적절한 수단을 가지고 있어야 하며, 셋째, 형사사법제도는 신속해야 하고, 넷째, 형사사법제도는 피해자를 배려해야 한다는 것이다.

아무리 좋았던 제도라도 시대와 환경이 바뀌면 그에 맞추어 신속하고 적절하게 바꿔 나가야 한다. 범죄수사와 처벌이 효과적으로 이루어질 수 있도록 첨단 범죄나 국제 범죄에 대한 수사역량을 확대하고, 형사사법조직과 시스템도 이에 맞추어 재조직되어야 한다. 아울러 수사와 재판, 형 집행에 이르기까지 전 과정이 효율적으로 기능할 수 있도록 최적화하고 프로세스를 최대한 단순화할 필요가 있다. 수사와 재판절차에서 피해자의 권리가 적절히 보장되는 가운데 신속하고 충분한 피해자 배상이 이루어져야 국민에게 더욱 다가가는 형사사법이 되는 것이다.

형사사법의 제1차 목적은 범죄로부터의 사회방위다. 피의자의 인권 보호도 중요하지만, 범죄로부터 사회를 안전하게 방위하는 것이 우선이다. 피의자의 인권과 피해자의 인권, 효과적인 수사를 보장하면서도 수사 과정에서의 수사권 남용이나 위법수사가 없도록 사법통제가 적절히 이루어지는 '조화와 균형의 형사사법'을 지향해야 한다.

또한, 형사사법은 효과적이어야 한다. 효과적이지 못하고 제도적 난맥상을 노출하는 형사사법은 어떤 고귀한 이념과 수사修辭에도 불구하고 좋은 제도가 될 수 없다. 세상이 변하고 사회가 변해 더 이상 몸에 맞지 않는데도 과거의 형사사법제도를 고집하는 것은 난센스다.

＊

흔히들 수사기관의 의지 부족을 많이 지적하지만 아무리 의지가 충만해도 이를 뒷받침할 수 있는 제도와 인적·물적 지원이 이루어지지 않으면 한계가 있을 수밖에 없다. 범죄와의 전쟁에서 수사기관이 더 우월한 무기를 지녔다고 단정할 수 있는 시대는 지났다. 금융경제범죄와 조직범죄 같은 중요범죄에 대해 효과적으로 대응할 수 있는 시스템을 만들어 나가지 않으면 안 된다.

N번방 사건으로 온 사회가 충격에 빠졌던 것이 엊그제다. 미성년자를 비롯한 70여 명의 피해 여성을 성노예처럼 다룬 피해 동영상을 26만 명의 회원이 보면서 공유했고, 유료회원 회비를 통해 거액의 불법 범죄수익까지 올린 전례가 없는 사건이다. 이런 새로운 유형의 범죄는 끊임없이 계속되고 진화할 텐데 효과적으로 수사하고 처벌할 수 있는 형사법 규정이 완비되어 있지 않다는 점이 문제다.

N번방 사건과 같은 첨단사이버 성범죄, 중국에 거점을 둔 보이스피싱 범죄조직, 1조 5,000억 원이 넘는 천문학적 피해가 발생한 라임펀드 사기 사건 같은 것은 과거에 한 번도 경험하지 못한 것이다. 범인체포와 범죄수익 환수를 위해 외국과의 형사사법공조와 범죄인 인도가 효과적으로 이루어져야 한다. 해외로 빼돌린 범죄수익을 국내로 환수하는 것도 필수적이다. 이런 범죄를 효과적으로 예방하고, 수사하고, 처벌할 수 있는 형사소송 절차를 마련하지 못하면 국

민들은 범죄피해에 속수무책으로 노출될 수밖에 없고 국가적인 손실도 막대하다.

특히 IT를 이용한 첨단 범죄는 해외에 서버를 두고 있는 경우가 많기 때문에 효과적 수사를 위해서는 국제형사사법공조가 매우 중요하다. 2004년 7월 1일 발효된 사이버범죄협약(부다페스트 협약)에 유럽평의회 47개 회원국과 미국, 일본, 호주 등 총 51개국이 가입되어 있으나 우리는 아직 미가입 상태다. 협약 규정과 상충되는 통신비밀보호법, 정보통신망법, 개인정보보호법 규정 때문이다.

국제표준에 맞게 관련 법 규정을 전면적으로 정비해야 하는데 사이버범죄협약이 발효된 지 20년 가까이 되어가지만 이에 대한 본격적인 논의는 아직까지 없다. IT 강국을 자처하는 우리나라의 현실이고 우리의 형사사법제도가 얼마나 낙후되고 후진적인지 보여주는 단적인 증거다. 박상기 전 법무부 장관은 형사법 학자이고 한국형사정책연구원장을 지냈지만 이런 데 대해 아무런 문제의식이 없었다.

'법률로 형사처벌할 수 있는 규정이 없으면 처벌할 수 없다'는 죄형법정주의 원칙에 따라 아무리 신종 첨단 범죄라도 형사처벌규정이 없으면 처벌할 수 없다. 따라서 신속히 신종 첨단 범죄나 기존 처벌규정의 미비점을 보완하는 형사처벌규정이 입법되어야 한다. 수사절차도 마찬가지다. 범죄는 첨단화되고 글로벌화 되었는데 수사기관의 수사 수단이 이를 따라가지 못하면 범죄를 효과적으로 진압

할 수 없다. 중세시대 기사들이 제아무리 용맹스러워도 총을 든 적 앞에 무력할 수밖에 없는 것과 같은 이치다.

효과적인 형사사법이 중요한 것도 그 때문이다. 범죄는 엄청난 속도로 진화하고 발전하는데 수사와 형사재판절차는 과거의 것에 그대로 머무르고 있다. 오히려 '검수완박'을 외치며 일제시대와 이승만 자유당 정권 시절의 형사사법으로 돌아가려 하고 있으니 통탄할 노릇이다. 범죄의 세계화 현상에 따라 국제적인 형사사법협력이 얼마나 중요해졌는지도 모른다. 따라서 현재의 범죄 현상을 정밀하게 분석하여 형사소송법과 형법, 형사특별법의 미비점을 신속히 보완해 나가는 것이 시급한 과제다.

이때 유의할 점은 수사권 강화와 비례하여 사법통제 장치를 동시에 강화해야 한다는 점이다. 강화된 수사권을 행사하는 수사기관이 수사 과정에서 권한 남용이나 위법수사를 하지 못하도록 검사와 판사에 의한 통제를 강화해야 한다. 그런 의미에서 검찰을 기소권만 남기고 무력화시키면서 경찰이나 중대범죄수사청에 검찰의 수사권을 모두 넘겨주겠다는 '검수완박' 추진은 매우 우려스럽다. 공수처를 포함해 수사기관은 늘어나지만 그들의 수사를 효과적으로 사법통제할 수 있는 장치는 완전히 없어지는 결과가 되기 때문이다.

N번방 사건 당시 드러난 관련 형사정책의 미흡한 점을 신속히 입법적으로 보완하여야 할 책임이 있는 추미애 전 법무부 장관도 N번방 관련자들을 범죄단체조직죄로 엄단해야 한다는 말만 했을 뿐

정작 본인이 직접 추진해야 할 신속한 입법 조치에 대해서는 별다른 언급이 없었다. 법무부 장관으로서 무지한 탓이고 역할을 망각한 결과다.

한비자는 "일이 많은 시대에 살면서 일이 적던 시절의 그릇을 사용함은 슬기로운 사람의 대비책이 아니다"라고 했다. 근본 원인이 해결되지 않으면 문제는 반드시 재발한다. 제2, 제3의 N번방 사건이 재발하지 않기 위해서는 범죄로부터 안전한 사회를 구축할 수 있도록 법무부 형사정책의 현주소와 문제점을 검토해 조직과 기능 전반을 개혁해야 한다. 급변하는 첨단 범죄환경에 효과적으로 대응하지 못하면 그 피해는 고스란히 국가와 사회의 몫이다.

*

형사사법제도의 적지 않은 부분이 과거 산업화 시대에 맞게 설계된 왕복 2차선 도로인 채 방치되어 있다. 이를 사회발전에 맞춰 왕복 10차선 또는 그 이상으로 확장하면서 병목 구간처럼 막힌 곳은 뚫어나가는 것이 국가의 미래를 위한 길이다. 형사사법제도의 개혁과 선진화는 설계만 잘 한다면 큰 비용을 들이지 않고 많은 효과를 거둘 수 있는 소프트파워 혁신이 될 수 있다. 정교하게 설계된 저비용·고효율의 뛰어난 사법제도 없이 일류국가를 기대하는 것은 불가능하다.

프랜시스 후쿠야마는 『정치질서의 기원』에서 성공적인 현대 자유민주주의 체제는 국가, 법치주의, 책임정부의 세 가지 정치제도가 안정적 균형을 갖추고 있어야 한다고 지적한다. 특히 법치주의 확립을 위해서는 법률제도가 정당해야 하고 권위를 갖추었다고 인식되는 것이 가장 중요하다고 강조하고 있다.

소프트파워 시대에 공정하고 효율적인 사법제도와 법은 핵심적인 국가 인프라이자 국가경쟁력의 원천이다. 일부의 비판에도 불구하고 우리 형사사법제도는 비교적 잘 작동해 왔고 법치주의 정착과 국가발전에 많은 기여를 해 온 것이 사실이다. 저비용·고효율 구조로 신속히 분쟁을 해결하면서도 범죄의 예방과 척결에도 적지 않은 역할을 하였다. 그러나 시대가 변했다. 형사사법조직을 변화된 환경에 맞추어 적절히 바꾸고 수사권을 강화해 효과적 수사가 이루어질 수 있도록 물적·인적 지원을 다 하지 않으면 결국 범죄와의 전쟁에서 패배할 수밖에 없다.

변호사의 눈에 비친
검찰

　제도로서의 검찰과 실제 기능하는 검찰, 검사의 모습은 구분되어야 한다. 2015년 2월 검찰을 떠나 변호사로 활동한 지도 7년이 넘었다. 그 덕분에 밖에서 검찰을 훨씬 객관적으로 볼 수 있었다. 부장검사 승진 이후 간부로 근무할 때나 법무부 등 기획부서에 근무하면서 미처 보지 못했던 모습까지 속속들이 볼 수 있는 기회가 많았다. 지방의 검찰청도 다녀보고 민원실에 서류도 직접 접수해 보면서 검사 재직 당시에는 거의 가보지 못했던 검찰청 민원 현장이 어떻게 돌아가는지도 살펴볼 수 있었다.

　자칫 '라때는' 이야기가 될까 봐 조심스럽지만 검찰이 지켜나가야 할 분명한 모습이 있고, 국민들이 검사에게 기대하는 모습도 분명히 있다. 하지만 변론 때문에 검사실을 갈 때마다 느끼는 것은 긴장감이 과거에 비해 현저히 떨어져 있다는 것이다. 검사와 수사관이 열심히 기록 검토를 하거나 조사를 하고 있어야 하는데 그렇지 못한 경우를 자주 본다. 웰빙도 좋고 일과 삶의 균형도 좋지만 최대한 빠른 시간 내에 사건을 정확히 처리해야 하고, 경찰 조사가 미진하거나 하면 피의자와 참고인 조사도 하고 강제수사권을 발동하여 압수수색도 하면서 증거를 찾아 나가야 한다. 어느새 검사가 송치기록에 나타난 것만을 바탕으로 판단만 하려는 '검사의 판사화' 경향도 심화되고 있는 것 같다.

검사와 수사관의 업무실적은 형사사법정보시스템KICS을 조회하면 금방 확인된다. 1일 몇 건을 조사해 조서를 작성했는지 데이터로 파악할 수 있다. 조사를 하지 않고 기록 검토를 했다면 어떤 기록을 얼마 동안 검토했고, 그 결과는 어떻게 했는지 객관적인 관리를 더욱 강화해 나갈 필요도 있을 것 같다. 경찰의 1차 수사종결권 도입 이후 검찰에 송치되는 사건과 고등검찰청에 항고되는 사건이 현저히 줄었다. 검사와 수사관의 업무가 정확히 다시 계량화되어야 하고 그에 따른 업무 구조조정은 불가피해 보인다.

개인화·파편화된 검사의 모습도 우려스럽다. 폭탄주 문화로 상징되는 검찰의 조직문화는 바람직하지 않고 바꾸어야 할 모습임에 틀림없다. 그러나 검사가 너무 개인적으로 따로 노는 모습 또한 긍정적인 것은 아니다. 시대가 바뀌어 옆방 검사와도 메신저로 대화하는 것이 일상화되었다고 한다. 그러나 같은 부 선후배 검사들이 자주 모여 밥 먹고 토론하는 것은 매우 중요하다.

매일 같이 야근하던 평검사 시절, 검사실에 배달을 시켜 함께 식사하던 저녁 시간은 어려운 사건을 서로 토론하며 해결하고 수사의 노하우, 나아가 검사의 자세를 선배로부터 배우는 소중한 시간이었다. 요즘은 정치적으로 민감한 부분까지 생겨나 밥을 같이 먹지 않는 경우가 많고 식사를 하더라도 속내를 드러내지 않은 채 겉도는 이야기만 하다 헤어지는 일이 많다고 한다. 어느새 올드보이가 되어버린 선배 입장에서는 걱정이 앞선다.

✳

검찰의 수사능력도 지적되어야 한다. 검찰의 자체 인지수사, 기획수사는 치밀한 내사와 법리 검토를 한 뒤 신중히 진행해야 한다. 내가 변호를 맡던 어느 지방검찰청의 경우 관급조달 브로커 변호사법 위반 사건 기획수사에서 관련 법리 판단을 그르치고 사실관계를 치밀하게 조사하지 않은 채 무리하게 수사한 경우가 있었다. 약 50여 명가량 입건하고 구속도 되었지만 내가 변호한 사건 7건은 전부 무죄 또는 무혐의로 마무리되었다.

관급조달 브로커도 있지만 정상적으로 대리점 영업을 열심히 해온 경우도 있었는데, 옥석 구분이 되지 않은 상태로 거칠게 수사가 진행된 것이 문제였다. 그 과정에서 억울하게 구속되었다가 무죄로

석방된 경우도 여러 건 생겨났다. 관급조달 시장의 메커니즘을 정확하게 파악하지 못한 원인이 가장 컸다. 세상 물정을 모르는 검사들이 무리하게 수사한다고 변호인인 나에게 하소연 겸 항의를 할 때 가슴이 답답했다.

사건의 지연처리도 이해할 수 없는 경우가 많았다. 이미 경찰에서 충분히 조사되었고 CCTV 등 증거자료도 있어 검사가 판단만 하면 되는 사건이었다. 만약 경찰 수사가 부족하다고 생각되면 당사자를 소환해 궁금한 부분을 확인하고 바로 기소 또는 불기소 여부를 결정해야 하는 것이 검사다. 그러나 소환 조사도 하지 않고 사건 처리도 하지 않으면서 5~6개월씩 장기 미제로 남겨두는 것을 어떻게 받아들여야 하는가.

부장검사와 차장검사의 검사 지도와 관리에도 문제가 없는지도 살펴봐야 한다. 전반적인 사회 분위기와 맞물리면서 부장검사는 과거와 같은 도제식의 엄격한 관리를 포기한 듯하다. 검사들도 독립기관임을 강조하며 상사의 말을 마치 부당한 간섭처럼 받아들이는 경우도 있는 것 같아 걱정스럽다.

그러나 검사의 독립과 책임은 언제나 함께 가야 한다. 검사는 본인의 모든 결정에 무한책임을 지지 않으면 안 된다. 이의제기권도 좋지만 상사는 명확한 근거를 갖고 지휘권을 발동해야 하고 그에 대해 책임지며 리더십을 발휘하는 것이 바람직하다.

이와 관련해 검사동일체 원칙이나 상명하복 원칙이 마치 우리나라에만 있는 부당한 제도인 것처럼 치부되었던 것도 잘못된 오해다. 대륙법계 형사사법체계에서 검사의 상명하복 규정은 매우 중요한 의미가 있다. 국가 형사정책과 공소정책이 헌법상 법 앞의 평등 원칙에 따라 구현될 수 있도록 하고 검사 개인의 자의적인 검찰권 행사를 방지할 수 있는 장치이기 때문이다. 검찰권 행사는 일관된 형사정책 하에 남용되지 않고 공정하고 합리적으로 행사되어야 한다. 특히 우리와 같은 단독관청인 검사 제도하에서는 검사동일체 원칙과 검사의 상명하복 규정이 없으면 자칫 검사의 통제되지 않는 독단으로 흐르기 쉽다.

＊

문재인 정권 들어 소위 친정권 검사들이 보여준 행태는 상상을 초월하는 것이었다. 검찰 고위간부는 고사하고 평검사도 할 수 없을 정도의 행태를 보이며 검찰의 신뢰를 땅바닥에 내팽개쳐 버린, 부끄러움도 모르는 행동은 국민들에게 큰 충격과 실망을 안겼다. 검사들의 침묵도 마찬가지다. 검찰의 독립은 스스로 지켜내는 것이고 스스로 지켜내야만 한다. 검찰의 존재 이유를 스스로 증명해야 하는 것이다. 내부적으로 여러 사정이 있겠지만 신분이 보장된 검사로서 인사상 불이익을 두려워할 이유가 아무것도 없다.

침묵의 이유가 원치 않는 보직에 가거나 동기들과의 경쟁에서 밀릴 것을 걱정하는 것이었다면 이미 검사로서 자격이 없다. 얄팍한 기회주의자들은 검찰에 있을 이유가 없고 검찰이 안팎으로 흔들리는데 무관심한 검사는 왜 검사를 하는지 스스로에게 물어야 한다. 문재인 정권 5년간 화려한 꽃길을 걸은 친정권 검사들의 운명은 한 치 앞도 내다보지 못한 하루살이의 그것과 다름없다. 과거 검찰의 요직에 있으면서 대한민국의 정의를 혼자 세울 것처럼 당당하던 퇴직한 전직 검찰 고위간부들의 모습도 결코 아름답지만은 않다. 아무리 변호사 신분이 되었지만 한때 검찰을 책임졌던 고위간부들이었다면 지난 5년간 검찰이 망가지고 있을 때 침묵으로 일관할 일은 아니지 않았을까.

중국 북송 때 시인 소동파는 인간의 삶을 '눈 위의 기러기 발자국雪泥鴻瓜'이라고 했다. 검사의 자리도 곧 녹아 사라져 없어질 '눈 위의 기러기 발자국' 같은 것이다. 검찰의 요직이란 그 자리를 감당할 능력과 자격을 갖추고 일을 제대로 할 때 의미가 있다. 압력이나 회유에 굴하지 않고 떳떳할 때만 비로소 빛을 발할 수 있다. 반면 일을 성취할 마음은 없고 그저 어떻게 해서든지 상사와 인사권자의 눈에 들어 출세해 보려는 권세욕에 가득 찬 사람은 조직을 파멸시키고 때로는 자신까지도 파멸시킨다.

검찰 역사를 돌이켜 보면 이름난 검사는 많았지만, 진심으로 존경받는 검사는 많지 않았다. 오히려 검찰 최고위직까지 올랐으면서도 불명예스러운 일에 연루된 분도 있다. 검사는 이름을 내기 위하여 노력할 것이 아니라 검찰 선후배는 물론 국민들로부터 진심으로 신뢰와 존경을 받는 검사가 될 수 있도록 해야 한다. 빛나는 자리에 가기 위해 애쓸 것이 아니라 자기가 간 자리를 빛나게 하는 검사가 진정한 검사다.

검찰 내에서 중요한 자리와 중요하지 않은 자리가 따로 없다. 모두가 소중하고 중요한 임무를 수행하고 있다는 사실을 잊으면 안 된다. '검사로서 진정으로 추구해야 할 이상과 가치는 무엇인가'라는 근본적인 질문을 끊임없이 스스로에게 던지는 자세가 필요하다. 훌륭한 검사는 좋은 보직에서 나오는 것이 아니라 보직의 좋고 나쁨에 구애받지 않고 어디에서든 맡은 바 임무에 정진하고, 정의에 대한 신념과 열정을 다하는 것에서부터 나온다는 사실을 잊어서는 안 될 것이다.

정의는 천천히 세우는 것이다. 정의감은 검사의 기본 덕목이지만 그 열기가 너무 강하면 냉철함과 균형 감각을 상실하여 이것저것 정신없이 손대다가 아무런 성과도 못 거두고 좌절할 수 있다. 검사는 국가로부터 위임받은 형벌권을 집행하는 법집행기관이다. 검찰의 권한을 권력으로 생각하고 헛된 공명심에 사로잡히거나 정치적 출세의 발판으로 삼는 태도는 결코 있어서는 안 된다. 과거 검찰 선배들이 "이름을 파는 매명 검사가 되지 마라", "검사가 가장 경계해야 할 것은 공명심이다"라고 강조했던 이유도 그 때문이다. 만약 그런 검사가 있다면 당장 검찰 조직을 떠나는 것이 본인이나 사회를 위해서도 바람직하다.

＊

　검사의 길은 결코 화려한 꽃길이 아니다. 검찰의 위상이 나날이 떨어지고 국민들로부터 신뢰를 받지 못하는 어려운 상황이 계속되고 있지만, 검찰 조직은 나름대로 헌신할 만한 가치가 있고 검사 본인의 관심과 노력 여하에 따라 검찰은 무한한 성취와 보람을 얻을 수 있는 곳이기도 하다.

　“대장부가 세상에 태어나 쓰이면 목숨 바쳐 나라에 충성할 것이요, 쓰이지 못하면 농사지으며 살아도 족하거늘. 권세 있는 자에게 알랑거려 뜬구름 같은 영화를 훔치는 것은 나의 수치로다.”

　서울지검 형사8부 수석검사 때 부장검사로 지도를 받았던 김진태 전 검찰총장께서 늘 검사의 덕목으로 강조했던 최유해의 『이충무공행장』에 나오는 말이다. 지금도 마음속에 간직하고 있는 소중한 삶의 가르침이다. 일은 인간이 하는 것이지만 이루는 것은 하늘의 몫이라는 사실을 겸허히 받아들이며 어떤 순간에도 최선을 다하는 마음을 잃지 않아야 한다.

　파나소닉의 창업자 마쓰시다 고노스케가 강조한 것처럼 어떤 것이거나 모든 것을 쏟아부은 후에 오는 결과는 모두 우리의 손을 초월한 것이다. 인간의 길은 실로 다양하고 그 안에서 각양각색의 모습으로 살아간다. 중요한 것은 순리대로 살면서 담대한 모습으로 자신의 길을 가는 것이다.

낙관도 좋고 비관도 좋지만 비관 속에서도 길이 있고 낙관 속에서도 길이 있다. 자리에 목숨을 거는 '직職의 사람'이 아니라 일에 목숨을 거는 '업業의 사람'이 되어야 한다. 진정한 검사는 자리로 만들어지지 않고 그가 한 일로 만들어지고 평가되기 때문이다.

'인생은 짧다. 시시하게 굴지 마라.'

5장

물구나무선
형사사법개혁

"힘없는 정의는 무력하고 정의가 없는 힘은 압제다. 따라서 힘 있는 것
은 정의로워야 하고, 정의로운 것은 힘이 있지 않으면 안 된다"

-파스칼_철학자

근본 틀을
다시 짜자

우리 형사사법제도는 대한민국 정부 수립 이후 지금까지 많은 발전을 거듭해 왔다. 과거 권위주의 시대 정치적 사건 등에 있어 어두운 부분이 있었지만, 선진국 못지않은 안정된 치안상태를 확보하고 범죄를 효과적으로 진압하는 데 기여해 온 사실 역시 높이 평가받아야 할 부분이다. 우리의 경제 규모나 국가의 대외적 위상이 10대 경제강국으로 발전하였고 사회도 많은 변화와 발전이 이루어졌다.

고도성장을 구가했던 과거와 달리 저성장의 장기화, 저출산과 청년실업, 복지비용의 확대로 국가재정 운용의 기본 틀도 많은 변화가 예고되고 있다. 범죄의 세계화도 급속히 확산되고 있다. 반부패, 금융경제범죄 규제 문제가 G20의 글로벌 아젠다로 확립된 지 오래다. 보편적 가치로서의 인권도 국제인권협약 등을 통해 국제적 기준으로 자리 잡았다. 따라서 이제부터 형사사법제도를 근본적으로 재설계하지 않으면 안 될 시점에 왔다.

형사사법제도에 시대가 맞춰 나가야 하는 것이 아니라 시대의 변화에 형사사법제도가 맞춰 나가야 한다. 우리 형사사법제도는 대한민국 정부 수립 이후 몇 차례의 변화가 있었으나 형법이 50년간 전면 개정 없이 그대로 시행되고 있는 것에서 보듯 근본 틀은 그대로 유지되고 있다. 모든 환경이 변한 현시점에서 형사사법제도 전반에 대해 근본적인 재검토를 하지 않으면 안 되는 이유다.

형사사법제도는 국가경쟁력과 직결되는 국가 인프라다. 최소의 비용으로 범죄 예방과 진압, 피의자와 범죄 피해자의 인권 보호에 가장 효과적으로 기여하는 제도가 최선의 형사사법제도다. 대륙법계이든 영미법계이든 상관없이 우리 역사와 사회상황, 정치체제에 맞는 가장 적절한 제도가 무엇인지를 취사선택하여 우리의 제도로 정착시켜 제대로 운영하면 된다.

변화의 첫걸음은 현실을 직시하는 것부터 시작해야 한다. 어렵고 문제가 꼬여 있을수록 원점에 서서 기본이 무엇인지, 우리가 추구해야 할 최고의 가치는 무엇인지 살펴보는 것이 중요하다. 지난 20년간 사법개혁과 검찰개혁, 검경수사권 조정 문제로 법원과 검찰, 검찰과 경찰 간의 갈등과 마찰이 커지면서 국민들에게 적지 않은 실망과 걱정을 끼쳤다. 그로 인한 사회적 비용 또한 만만치 않았고 함께 형사사법을 책임져야 할 기관 간의 협력도 아직까지 원활하지 않은 후유증도 낳고 있다.

기관 이기주의와 정치적 이해관계를 떠나 최선의 형사사법제도를 위한 방안은 무엇인지, 이를 위해 법원과 검찰, 경찰이 어떻게 협력하고 역할 분담을 하는 것이 바람직한지 근본적인 개혁을 추진할 시점이 되었다. 변화와 혁신은 법조계도 예외가 될 수 없고 예외가 되어서도 안 된다. 근본 틀을 다시 짤 때다. 대한민국 건국 이후 지금까지 이어져 온 제도라도 문제가 있으면 과감히 폐기하고 새로 만들어 나가야 한다.

이미 유럽을 중심으로 2000년 이후 형사사법제도의 근본적 변화가 이루어지고 있다. 미국도 9·11 테러 이후 형사사법 분야에 많은 변화가 있었다. 국제 사회에서 책임 있는 일원으로 입지를 강화하고 있는 우리나라도 이러한 추세에 발맞추어 형사사법제도를 국제 기준에 맞게 발전시켜 나가야 한다. 이를 통해 국가경쟁력도 강화하고 국제 사회에서 우리 형사사법시스템에 대한 신뢰도 쌓아갈 수 있을 것이다.

개혁과정에서의 갈등도 있고 구조조정이 수반되는 과정에서 관계기관의 이해관계가 첨예하게 대립하는 부분도 있을 것이다. 그러나 이것을 우려하여 세계의 흐름에 둔감한 채 개혁을 주저하는 것은 조선 말 세상이 완전히 바뀐 줄도 모르고 쇄국정책으로 일관하다 일제에게 나라를 빼앗긴 뼈아픈 과거 역사를 답습하는 것과 무엇이 다르겠는가.

*

형사사법 현대화는 형사정책에서 또 하나의 중요한 목표다. 형사사법전자화는 형사사법 현대화 정책의 핵심이다. 2010년 7월 개통된 형사사법정보시스템KICS은 법무부, 검찰, 법원, 경찰의 형사사법 시스템을 표준화된 IT시스템을 통해 상호 연결한 정보시스템이다. 전자정부사업의 일환으로 2004년부터 5년간 850억 원이 투입되었다. 전자약식 시스템의 도입으로 음주·무면허 운전의 경우 단속부터 사건조사, 검찰송치, 검사의 사건 처리, 약식명령 확정, 벌금납부에 이르기까지 전 과정이 전자시스템 안에서 처리된다. 수사의 투명성이 획기적으로 강화되었다. 특히 각 기관이 보유한 데이터를 상호 공유함으로써 업무효율이 높아졌다. 형사사법기관 간의 정보 공유는 매우 중요하다.

하지만 효과적 관리가 관건이고 보완할 부분도 있다. 사회봉사명령 같은 대체적 처분이나 급증하는 소년범의 보호처분 관련 정보도 더욱 효과적으로 관리될 필요가 있다. 외국인 범죄자 수배시스템이나 전과관리시스템도 전반적으로 보완해야 할 대상이다. 법인을 이용한 기업범죄가 급증하고 그 규모도 커지고 있으므로 법인 전과 관리시스템도 살펴볼 부분이다.

형사사법정보시스템의 감독과 통제도 중요하다. 개인정보보호
문제나 과도한 정보의 집중으로 인한 부작용도 고려해야 한다. 범죄
경력과 수사경력은 형의 실효 등에 관한 법률에 따라 경찰청장이 관
리하고 법무부 장관이 감독한다.

그러나 주무부서인 법무부 검찰국 형사기획과는 과장 1명과 검
사 3명이 검찰수사사무 감독, 국회 업무, 형사정책 전반에 관한 사항
까지 관장하다 보니 이러한 문제들을 종합적으로 제대로 챙기지 못
하고 있는 것이 현실이다. 보다 근본적인 문제는 검찰과 경찰이 범
죄 예방과 수사 목적으로 많은 형사사법정보시스템을 구축하고 있
는데 그 법적 근거가 불명확하고 정보의 수집과 활용에 대한 통제나
감독이 충분하지 않다는 점이다.

경찰이 범죄 예방과 수사를 위해 다양한 정보시스템을 운영하고
있지만, 그 설치에 관한 법률상 근거, 목적, 정보의 수집 범위와 관리
체계, 감독과 통제에 관해서는 외부에 알려진 바가 별로 없다. 오래
전 일이지만 2012년 국회 행정안전위원회의 경찰청 국정감사에서도
형사사법정보시스템에 법률의 명확한 근거 없이 2,500만 건 이상의
피해자와 참고인에 관한 개인정보가 보관되어 있는 점이 문제되기
도 했다.

프랑스의 경우 내무부 소속 국가경찰과 국방부 헌병경찰이 설
치·운영하는 수사정보시스템STIC, 도난차량수사시스템FVV, 수배

정보시스템FPR, 범죄정보관리시스템FRG, 테러수사정보시스템FIT, 유전자정보시스템FNAEG 등 많은 형사사법정보시스템이 있으나 모두 명확한 법률상 근거에 따라 설치·운영된다. 관련 법률에는 설치 목적, 수집되는 정보의 성격, 정보보유 기간, 정보의 접근과 관리, 통제와 감독에 관한 사항이 상세히 규정되어 있다.

수사나 재판 관련 형사사법정보시스템 자체는 반드시 필요하지만 이에 관한 설치 근거와 목적, 수집정보의 내용, 통제와 감독에 관한 전반적인 사항을 법률로 규제하고 이를 효과적으로 통제·감독하는 시스템이 갖추어지도록 제도적 보완책을 마련해야 한다. 검찰과 경찰뿐 아니라 대법원, 정부 부처나 공공기관의 모든 정보시스템도 마찬가지 상황이다. 명확한 법률상 근거 없이 설치·운영되고 통제와 감독이 제대로 이루어지지 않고 있는 실태 파악과 개인정보보호 제도 전반에 대한 재검토가 필요하다.

저비용·고효율
형사사법시스템을 위해

대법원 산하 사법정책연구원은 2022년 1월 발표한 「법관 업무 분담 및 그 영향 요인에 관한 연구」에서 법원 사건의 적정 처리를 위해 법관 680명~980명의 증원이 필요하다는 연구결과를 발표했다. 그러나 법관의 증원은 간단한 문제가 아니다. 법관의 증원은 법관뿐만 아니라 법원 청사 및 법정의 증축, 법원 직원의 증원까지 연쇄적으로 엄청난 국가 예산이 소요되는 문제가 생기기 때문이다.

형사재판에서 공판중심주의(기소된 형사사건을 법원에서 심리하는 것. 검사, 피고인, 변호인들이 입회하여 증거를 제출하면 법원이 유죄·무죄를 판단하는 형사소송의 중심 절차)가 확대되고 검사 작성의 피의자 신문 조서의 증거능력이 제한됨에 따라 형사재판의 장기화는 피할 수 없게 되었다. 형사사건 적체와 지연처리는 또 다른 문제를 연쇄적으로 만들게 되고 피고인에 대한 처벌과 범죄 피해자에 대한 신속한 구제는 어렵게 된다.

이러한 난제들을 푸는 데 무엇보다 법경제학적 관점이 필요하다. 법경제학law and economics은 우리에게 생소한 분야지만 국가의 사법비용을 최소화하면서 가장 효율적으로 기능하게 하는 방안을 경제학적 관점에서 분석하고 최적의 방안을 제시하는 학문 분야다.

*

법경제학은 영미권을 중심으로 활발하게 논의되고 있고 유럽에서도 정책적으로 보편화되어 있으나 우리 법무부, 대검, 법원행정처는 아직 별다른 관심이 없다. 2002년 9월 설립된 유럽평의회의 '효과적 사법을 위한 유럽위원회CEPEJ(Commission Européenne pour l'efficacité de la Justice)'는 각국의 사법시스템을 분석하여 사법운영에 대한 평가, 사법기구와 사법제도 개혁 방안 권고 등을 주요 임무로 하고 있다. 특히 신속한 사법을 위한 소송 기간의 관리, 사법의 질, 사법적 결정의 집행, 민사조정과 형사조정 등에 관한 사항을 중점적으로 검토하며 해마다 연례보고서도 발간한다.

형사사법 분야는 더욱더 법경제학적인 관점이 요구되는 영역이다. 효과적인 범죄 예방과 수사, 재판 시스템을 갖춘다는 것은 시민의 안전은 물론 경제적인 측면에서도 매우 중요하다. 범죄 예방과 처벌이 효과적으로 이루어지지 못할 때 국가와 사회가 치러야 할 비용은 고스란히 국민의 부담이다. 생산적인 부문으로 흘러가야 할 자원이 불필요하게 낭비됨에 따라 국가경쟁력도 그만큼 훼손될 수밖에 없다.

형사재판에서의 공판중심주의가 만능이 아닌 이유도 그 때문이다. 유럽에서는 1990년대부터 '정식 재판할 가치'가 있는 복잡하고 어려운 사건이나 혐의를 부인하는 사건에 한해서 공판중심주의 방식으로 형사재판을 운영하는 것이 일반화되었다. 나머지 경미하거나 일반적인 사건, 자백하고 증거가 충분한 사건은 신속절차와 같은 간이한 방식으로 효율적으로 처리한다. 조정·화해와 같은 민사의 대체적 분쟁해결절차ADR가 형사절차에서도 '대체적 소추절차 poursuite alternative'로 보편화 되고 있는 것이 세계적 추세다.

프랑스는 부담승인조건부 기소유예composition pénale, 정액 벌금제 amande forfaitaire 등 신속간이절차를 지속적으로 확대해 왔다. '부담승인조건부 기소유예'는 단순 기소유예와 달리 운전면허 정지, 피해배상 등 일정한 조건 이행을 전제로 법원에 기소하지 않는 조건부 기소유예 제도이다. '승인'이라는 의미는 검사의 제안에 대해 판사가 승인해야 효력이 발생한다는 뜻이다. 법관에게 재판받을 권리를 침해하지 않으면서 비교적 경미한 형사사건을 신속하게 처리할 수 있다. 자백하고 충분한 증거가 확보되어 양형 결정만 남은 사건을 굳이 정식재판을 통해 재판할 이유가 없다는 철학에 바탕한다.

'정액 벌금제'는 경찰서장 등을 고등검사장이 공소관으로 지정하여 검사를 거치지 않고 정액 벌금을 부과하는 제도다. 법정형이 일정 금액 이하인 형사사건, 특히 교통위반 사범에 대해 많이 이용되는데 100유로, 200유로 등의 벌금형이 이에 해당한다. '200유로 이하 벌금'이 아니라 '200유로 벌금'이라고 금액을 특정해 규정한 것이 중요하다. 재량의 여지를 없앴고 벌금을 고지받은 자는 각 지역에 있는 재무부 국고국Trésor public 사무소에 납부함으로서 절차가 끝난다. 우리의 과태료 납부와 유사하다.

2004년 도입된 '미리 유죄를 인정한 경우의 소추 절차C.R.P.C'는 흔히 '유죄협상제'라고 불리는 미국식 플리바게닝 제도를 프랑스가 전면 도입한 것이다. 법정형이 5년 이하 구금형인 범죄를 대상으로 검사가 형을 제안하고 피의자가 유죄를 인정하고 동의하면 변호인 참석 등 방어권이 보장된 가운데 판사가 제안된 형의 승인 여부를 결정하는 것이다. 당시 의회 입법보고서는 이 제도의 도입으로 형사사건 처리에서 "막힌 하수구를 뚫는" 효과가 있을 것이라고 평가했다.

이를 통해 인권 친화적이고 사회 복귀에 더욱 효과적인 처분을 하면서도 교정시설 신축과 유지 관리에 소요되는 예산을 절약하는 일거양득의 효과를 거둔다. 한정된 형사사법 자원과 인력을 보다 중요한 곳에 투입할 수 있고 검사와 판사들도 더 중요하고 가치 있는 사건의 수사와 재판에 집중할 수 있다.

국민 입장에서도 형사사법에 법경제학적 관점을 도입할 경우 많은 이점이 있다. 당장 세금으로 지출되는 형사사법 관련 예산이 절감된다. 형사사법전자화를 확대하여 고소장이나 각종 증명서, 수사서류 사본을 인터넷을 통해 제출하거나 교부받는다면 직접 검찰이나 경찰서에 가는 것보다 시간과 비용이 훨씬 절약된다. 그로 인한 여력을 생산적인 부문에 투입하게 되면 개인의 편익은 물론 국가·사회적으로도 큰 이익이 되는 것이다.

✳

법경제학은 바로 이런 시각에서 사법제도 전반을 새롭게 바라보면서 사법조직과 제도를 재설계하고 구조조정하는 것을 주된 사명으로 한다. 공판중심주의를 충실히 구현하기 위해서는 되도록 많은 사건을 정식 재판으로 처리하는 것이 바람직하겠지만 한 사건을 심리하는 데 시간도 많이 소요되고 신속한 재판이라는 또 다른 가치가 훼손될 수 있다는 문제가 있다. 복지예산 지출의 증가, 경기 침체로 인한 세수 부족 등이 장기화되는 상황에서 공판중심주의를 위해 법원을 더 짓고 사법 예산을 증액하는 것이 최선이기만 한 것인지도 의문이다.

공정한 재판, 대심주의對審主義, 당사자 간 권리 평등의 보장, 무죄

추정, 피해자 권리 보장, 강제처분의 사법통제와 비례성, 신속한 재판 등 형사사법의 근본원칙이 보장된다면 형사 절차는 저비용·고효율 구조로 전면 혁신하는 것이 바람직하다. 결코 도그마라는 낡은 허상에 갇혀 있을 이유가 없다.

교정행정도 법경제학적 관점에서 매우 중요한 분야다. 교도소에 수감하는 구금형이 집행유예 등 사회 내 처분보다 비용이나 재범방지 측면에서 더 나은지 여부가 형사정책의 중요 이슈 중 하나다. 국가재정이 충분하지 못한 상황에서 계속적으로 교정시설을 지을 것인지 여부도 경제적 측면에서 분석되어야 한다.

오래된 통계이긴 하지만 1999년 미국은 경찰 운영, 법원 행정, 교도소 관리에 국내총생산GDP의 1.58퍼센트인 1,470억 달러를 지출했다. 당시 전 세계 전체 교도소 수감자 중 약 1/4인 200만 명 이상이 미국 교도소에 수감되어 있었다. 수감자 비율도 유럽연합이 인구 10만 명당 87명임에 비해 미국은 685명이었다. 그런데 미국이 유럽연합에 비해 재범률이 떨어지고 범죄자의 재사회화에 더 성공적이라는 증거는 명확하지 않다.

국민들에게 편리하고 효율적인 형사사법이 최선의 형사사법제도다. 우리도 법경제학적 관점을 전면 도입하여 저비용·고효율 구조로 형사사법개혁을 추진할 필요가 있다. 형사사법은 궁극적으로 국민을 위한 것이고 국민들이 가장 원하는 형사사법이 어떤 모습인지 잘 살펴 반영하는 것이 성공의 열쇠다. 요즘처럼 법원이나 검찰, 경찰이 이 정도로 국민의 불신 대상이 된 적이 없는 상황에서는 더욱 절실한 문제다. 법경제학적인 관점을 전면 도입한 형사사법개혁은 국민과 사법이 서로 화해하는 하나의 계기가 될 수 있을 것이다.

환경변화에 적응 못 한
우물 안 개구리

현대의 범죄 현상은 과거와는 근본적으로 다른 차원으로 진화하고 있다. 불과 10~20년 전만 하더라도 보기 힘들었던 금융경제범죄, 조직범죄, 사이버범죄, 테러범죄 등이 양과 질적인 면에서 폭발적으로 증가하고 있다. 범죄 현상의 근본적 변화는 검찰과 경찰의 수사는 물론 법원의 재판절차에도 근본적인 변화를 요구한다. 단일 검찰청의 역량으로는 감당하기 어려운 사건들이 줄을 잇고 있고, 이들 사건이 기소되는 서울중앙지법의 재판 부담도 예상하기 어렵지 않다.

사건 처리도 이전과는 완전히 달라졌다. 성폭력 사범에 대한 전자발찌 부착명령 청구와 같이 부가적 처분이 대폭 늘어났다. 소년범의 경우에도 다양한 조건부 기소유예 처분이 이루어지고 있고 형집행과 보호관찰의 중요성도 날로 증가하고 있다. 재범방지를 위해 형사처분의 개인화·개별화 정책이 계속 강화될 것으로 보여 형사부의 업무 부담은 앞으로 더욱 심화될 전망이다. 법원도 공판중심주의 강화로 사건 심리에 소요되는 시간이 몇 배 이상 늘어났고 공판절차도 복잡해졌다. 법원의 부담도 과중할 수밖에 없고 판사들의 격무도 감내할 수 있는 수준을 넘어섰다.

범죄 현상과 형사사법 환경의 광범위하고 근본적인 변화로 형사정책 기능과 역할도 중요해졌다. 한정된 형사사법 역량과 자원의 효과적 분배와 우선순위 설정이 핵심 과제가 되었다. 국가적 차원에서 형사사법의 컨트롤타워로서의 검찰의 역할이 더욱 중요해졌다. 형사사법의 중심축으로서 모든 도전과 난제를 극복하고 국민들이 안심하고 살 수 있는 사회, 법질서와 형사사법정의가 실현되는 사회를 만들어 나가야 할 검찰의 책임이 무거워졌다.

그러나 검찰 혼자만의 힘으로 모든 것을 해결하기는 불가능하고 바람직하지도 않다. 형사사법기관은 물론 관련 행정기관 모두가 참여한 가운데 상호 역할 분담을 하는 것임을 잊지 말아야 한다.

＊

우리는 기본법이라는 이유로 형법과 형사소송법 개정에 소극적이고 신중한 입장이지만 프랑스는 형사사법개혁이 일상화되어 일 년에도 몇 차례씩 형사법을 개정한다. 단편적인 몇 개 조문을 개정 하는 수준이 아니라 무죄추정 강화, 조직범죄에 대한 효과적 대응, 부패방지정책 강화 등 정책 테마별로 관련 형법 규정과 형사소송법 규정을 대폭 개정해 나간다. 범죄 현상과 형사사법 환경의 변화는 상 시적인 형사사법개혁을 요구한다.

정밀한 현상 분석을 토대로 형사정책의 목표와 우선순위를 결정 한 뒤 각 정책 목표별로 신속하게 개혁해 나가는 것이 관건이다. 추 진 전략과 소요 예산 확보가 중요하고 법원, 경찰 등 관계기관과의 긴밀한 협력과 조정도 필수적이다. 최근의 변화를 고려할 때 ① 중대 범죄·첨단 범죄에 대한 효과적인 대처와 재범방지 ② 공판중심주의 강화에 따른 형사사법 역량의 효과적 배분 ③ 인간적 사법을 위한 형사처벌의 개인화·개별화 확대가 형사사법개혁에서 우선 검토되 어야 할 것으로 생각된다.

중대범죄와 첨단 범죄에 대한 효과적 대처와 관련해서는 금융 경제범죄, 부패범죄, 조직범죄, 사이버범죄 등에 대해 적절히 대응할 수 있도록 수사 조직과 역량을 집중화·전문화하는 것이 핵심이다. 외국의 사례를 참고하여 수사권 강화와 재판의 신속화·전문화를 위한 특별형사소송절차를 마련하는 것도 검토할 부분이다. 첨단범 죄나 금융경제범죄의 특성상 국제형사사법공조가 필요한 경우가 많 으므로 국제형사사법 역량을 강화하는 것도 빠뜨릴 수 없는 과제다.

업무 부담이 과중한 서울중앙지검과 서울중앙지법의 관할 재조정과 업무경감 문제도 살펴보아야 한다. 한정된 사법 역량을 감안해 공판중심주의로 재판할 가치가 있는 중요하고 복잡한 사건 중심으로 재판 실무를 변화시키고 대체적 소추 절차와 신속절차를 대폭 도입하는 것도 주요 정책과제다. 범죄의 경중에 따른 소송절차와 증거법의 차별화, 불구속 피고인의 재판 출석과 형 집행 보장을 위한 제도 보완, 기소편의주의 확대를 통한 검찰의 형사정책 역량 강화, 제한적인 플리바게닝의 도입, 신속절차의 확대, 검사직무대리의 업무 범위와 권한 확대 등도 논의할 부분이다.

형사처벌의 개인화·개별화 확대는 범죄자의 원활한 사회 복귀와 재범방지 정책의 핵심이다. 형법 개정을 통해 다양한 부가형과 형사상 제재로서의 의무조치를 도입하고 형사처벌의 다양화 차원에서 집행유예 절차와 조건을 대폭 강화하는 방안도 생각해 볼 부분이다. 보호관찰의 확대와 동시에 실효성을 강화하는 조치도 논의될 필요가 있다. 집행절차의 다양화에 따른 실무상 문제점과 대응방안도 살펴보아야 한다.

조직범죄의 폐해도 심각하다. 2013년 경찰청 국정감사 자료에 따르면 전국에 216개 파 5,425명의 폭력조직 간부급을 경찰이 관리하고 있는데 조직원까지 포함하면 1만 명이 넘을 것으로 추산하고 있다. 이들은 이미 오래전부터 합법적인 기업 운영 등에 관여하면서 마피아화하여 그 영역을 확대해 가고 있다. 조직범죄는 자금세탁을 통한 금융·경제범죄와 전방위로 연결될 뿐 아니라 국제 조직범죄집단과 연계해 범죄를 저지르는 경우가 많다.

1990년대 이후 주요 선진국들은 조직범죄와 금융·경제범죄에 효과적으로 대처하기 위해 형사사법조직과 제도를 근본적으로 바꿨다. 한정된 형사사법자원을 중요·대형범죄에 집중시키고 전문화하면서 경미한 일반범죄는 신속절차 등으로 간이하게 처리하도록 하고 수사역량과 조직의 중앙집중화·전문화, 내부고발자 면책, 긴급체포 시한의 연장, 잠입수사, 감청 등 특별형사소송절차를 신설하는 방안을 적극적으로 검토할 필요가 있다.

형사관할 문제는 실무계나 학계 모두 특별한 관심의 대상이 아니지만 시급히 정비해야 할 분야다. 범죄의 광역화 현상에 효과적으로 대응하기 위해 수사관할의 광역화는 필요하다. 그러나 현재와 같이 수사관할에 관한 형사소송법상 근거 규정을 명확히 두지 않고, 별다른 통제 없이 관할구역 외 수사를 허용하는 것이 정책적으로 바람직하지 않다.

광역수사체계 등 효과적인 수사를 보장하면서도 수사권이 남용되지 않도록 수사와 형사재판 관할 규정의 근본적인 검토가 필요하다. 2007년 발생한 태안 유조선 침몰 해양오염사고 당시 관할인 대전지법 서산지원에서 재판하였지만 이러한 대형 사건을 전문성이 없는 소규모 지원에서 재판하는 것은 적절하지 않다. 국제형사관할도 정비가 시급한 분야다. 국익과도 직접 관련되는 문제다.

특히 '보편적 관할compétence universelle'이 중요하다. 보편적 관할이 란 국제적으로 규제하기로 국제 사회가 합의한 고문, 반인륜범죄, 테러범죄, 뇌물 등에 대해 어느 국가라도 형사재판관할권을 가지는 것을 의미한다. 프랑스는 2007년 형사소송법 제698-7조를 통해 뇌물 공여자가 프랑스인이 아니거나 뇌물수수 장소가 프랑스가 아니더라도 모든 외국 공무원에 대한 뇌물공여자와 뇌물을 수수한 외국 공무원을 프랑스 법률에 따라 프랑스 법원에서 재판하고 처벌할 수 있도록 보편적 관할 규정을 신설했다.

해외에서 사업을 하는 우리 기업인과 외국 사업가로부터 직무와 관련해 뇌물을 받은 우리나라 공무원들이 우리가 모르는 사이에 프랑스에서 수사받고 처벌받을 수 있게 되어 버린 것이다. 수사도 중요하지만 형사관할권에 대해 더욱 관심을 가져야 한다. 급속한 글로벌화에 대응하여 국익과 직결되는 우리 형사소송법의 국제형사 관할 규정을 시급히 정비해야 한다.

효과적인
형사사법을 위하여

　대형 비리 의혹이 터져 나올 때마다 신속한 검찰수사로 이를 밝혀 엄벌하라는 여론의 목소리가 높다. 그러나 검찰의 수사능력이 아무리 뛰어나다 하더라도 검찰은 결코 만능이 될 수 없다. 과거와는 비교할 수 없을 정도로 범죄가 첨단화되었고, 금융·경제범죄와 기업범죄도 고도의 전문지식과 역량이 없으면 수사할 수 없을 만큼 수사환경이 근본적으로 바뀌었다. 수사 환경과 여건이 변하면 그에 맞추어 수사 조직과 수사 수단도 변해야 한다.

　형사사법정의는 가장 단순하게 말하면 죄지은 자가 그에 합당한 처벌을 받는 것이다. 피의자의 인권도 중요하지만, 명백히 범죄혐의가 있는 자에 대해 이를 효과적으로 수사하지 못하고 처벌에 실패한다면 이것 또한 정의에 반한다. 효과적인 수사 수단을 제도적으로 갖추지 못하고 있는 사이에 억울한 범죄 피해자의 고통은 더욱 깊어가고 국가와 사회는 범죄 앞에 무력하게 된다. 결국에 가서는 국가형사사법제도에 대한 불신과 비난으로 이어진다.

과거 검찰이 수사권 강화를 추진하였을 때 언론의 반응은 수사편의주의적 발상이라는 것이 대부분이었다. 그러나 범죄가 21세기의 첨단을 달리고 있는데 20세기의 수사 조직과 무기로 이를 완벽히 척결하라고 하는 것은 난센스다. 수사기관의 편의만을 고려한 수사권 강화조치는 문제가 있지만 변화하는 수사 환경에 적절히 대응할 수 있는 정당한 수사권 강화 노력마저 수사편의주의로 폄하해서는 안 된다. 수사권을 적절히 강화하면서 그에 맞추어 사법통제도 강화해 가고 있는 것이 선진국의 공통된 추세다.

프랑스는 2004년 1958년 형사소송법 제정 이후 가장 광범위한 형사사법개혁을 단행했다. 400 조문 이상의 형사소송법 규정이 신설되거나 개정되었고 ①조직범죄와 대형금융경제범죄에 대응한 효과적인 형사사법조직의 구축 ②새로운 범죄에 대응하기 위한 사법적 수단의 강화 ③형사적 대응 효과의 개선을 3대 정책 목표로 삼았다. 조직범죄와 대형금융경제범죄에 대한 대책으로 미국 FBI식의 특별감시조치, 잠입수사, 야간압수수색 허용, 초기 수사단계에서의 감청 요건 완화, 24시간인 보호 유치의 96시간까지 연장, 무선감청·통신감청 요건 완화, 화상회의 방식에 의한 구속 기간 연장, 자산동결에 관한 특별규정 신설 등 수사권을 대폭 강화하는 입법 조치가 이루어졌다.

'미리 유죄를 인정한 경우의 소추 절차C.R.P.C'라는 이름으로 미국식 플리바게닝 제도가 전면 도입된 것도 이때다. 벌금 집행의 효율을 높이기 위하여 1,000유로를 넘지 않는 범위 내에서 벌금 조기 납부자에 대해 10퍼센트를 감액할 수 있도록 하였고, 노역장 유치절차는 '사법구속contrainte judiciaire'이라는 이름으로 유럽인권협약 규정을 반영해 재판절차로 보완하였다.

범죄수익의 몰수·추징, 특히 해외에 숨겨둔 범죄수익에 대한 효과적 환수를 위하여 국제형사사법공조 강화와 실효성 제고를 위한 조치도 이루어졌다. 프랑스의 2004년 형사사법개혁은 변화하는 환경에 사법기관과 경찰이 어떻게 효과적으로 대응해야 할 것인가를 보여준 좋은 사례다.

✳

따라서 앞서 살펴본 바와 같이 첨단 범죄, 신종 범죄에 대해 신속하고 적절하게 형사처벌규정을 정비해 나가는 것도 중요한 형사정책의 한 부분이다. 우리는 형법이 기본법이라는 이유로 개정에 매우 소극적이고 1990년 이후 대폭적인 개정이 없었다. 2013년 6월부터 시행된 개정 형법도 성폭력범죄 친고죄 폐지, 유사강간죄 신설 등 일부

성범죄 관련 규정의 개정에 한정되었을 뿐이다.

그러다 보니 형사특별법의 과잉 현상이 발생한다. 형법으로 규정하면 개정이 쉽지 않기 때문이다. 형사처벌규정은 가능한 형법으로 통일적이고 일관성 있게 규정하는 것이 바람직하다. 형법만 찾아보면 누구나 쉽게 처벌규정을 확인할 수 있고 어떤 행위가 어떤 형벌로 처벌되는지 알 수 있어야 한다. 특별형사법에 따라 많은 범죄가 규율되다 보니 일반 국민들은 물론 법률가조차 쉽게 처벌규정을 확인하기가 어려운 경우가 적지 않다.

프랑스는 필요할 경우 1년에도 여러 차례 정부 입법을 통해 형법을 개정한다. 거의 모든 형사처벌규정은 형법전Code pénal에 통합되어 있고 모두 형법 개정을 통해 이루어지므로 형법은 누구라도 '읽기 쉬운' 법률이 되는 것이다. 형법이 기본법이라는 이유로 더 이상 개정에 소극적이어서는 안 된다. 신속하고 적절한 형법 개정을 할 수 있는 체계를 마련하고 난립되어 있는 형사특별법 규정을 형법으로 통합하는 방안을 입법정책적으로 적극 검토할 필요가 있다.

프랑스는 효과적 사법의 일환으로 형사처분의 '개인화'와 '개별화'를 지향한다. 다양한 형태의 처벌과 제재 가능성을 만들어 두고 이를 검사와 판사가 각 개인별로 가장 적절한 처분을 선택하는 것이다. 특히 다양한 부가형 제도를 두고 있는 것이 주목되는데 운전면허 취소, 차량 등 범행에 사용된 물건의 압류, 건물 폐쇄, 특정차량 운전금지, 수표발행금지, 공민권과 친권박탈, 직업종사금지, 공공직무수행금지, 출국금지, 체류금지, 신용카드 사용금지, 치료 명령, 사회봉사명령 등 우리와는 비교되지 않을 만큼 다양하다.

선고유예, 형의 분할, 외부집행처분, 전자감시처분, 반자유처분, 단순 집행유예, 보호관찰 조건부 집행유예, 사회봉사명령 조건부 집행유예 등 판사의 선고 재량도 매우 넓다. 불필요한 전과자의 양산을 방지하기 위하여 반드시 형사처벌할 대상이 아니라면 과감하게 이를 폐지하거나 과태료 등 행정처벌로 전환하는 '비범죄화 dépénalisation' 정책도 중요하다. 형벌은 언제나 '최후의 수단ultima ratio' 이어야 한다. 프랑스도 기업 관련 형사처벌규정을 중심으로 비범죄화 논의가 활발하다. 과도한 형사적 위험 부담으로 인해 기업과 경제활동이 위축되어서는 안 된다는 정책적 고려 때문이다.

다시 한번 강조하지만 수사권 강화는 반드시 그에 상응한 사법통제 강화조치와 함께 추진되어야 한다. 종전보다 폭넓게 수사를 허용하는 만큼 인권침해의 위험과 가능성도 그만큼 커질 수 있기 때문이다.

프랑스가 2004년 도입한 조직범죄에 대한 잠입수사의 경우 사법경찰은 사전에 검사에게 보고하고 허가를 받아야 하며 예심수사가 개시된 이후에는 수사판사의 허가를 받아야 한다. 잠입수사 기간은 4개월이고 1차 허가한 검사나 수사판사에 의해 연장될 수 있는데 수사기간 만료 전이라도 언제든지 검사나 수사판사는 수사를 중지시킬 수 있다. 특별감시조치도 마찬가지이다. 1991년 마약사범 수사에 도입된 이 제도는 사법경찰이 마약 운송을 감시할 경우 사전에 검사에게 보고한 뒤에만 실행할 수 있다.

사회방위의 최전선,
재범방지

　　2003년 9월부터 2004년 7월까지 20명을 연쇄 살인한 유영철은 이미 고등학교 2학년 때부터 특수절도, 강간, 폭력으로 14회 전과가 있었고 총 11년간 교도소에서 복역을 한 자였다. 강호순은 2005년 10월부터 2008년 12월까지 10명의 여성을 연쇄적으로 납치해 살해했다. 8세 여아를 끔찍한 방법으로 성폭행한 '나영이 사건'의 범인 조두순도 2008년 범행 당시 상해치사, 아동 성폭행 등 전과 17범이었다. 유영철, 강호순, 조두순의 공통점은 모두 그 본질이 '재범'이라는 것이다.

　　형사정책의 최우선 과제는 범죄로부터의 사회안전 확보이고 그중에서도 효과적인 재범방지다. 수사와 처벌도 중요하지만 형 집행

후의 효과적인 재범방지가 더 중요하다. 그동안 성폭력범죄에 대한 화학적 거세, 법정형 상향, 친고죄 폐지 등 강력한 정책이 입법된 것은 충분히 의미 있으나 재범방지 측면에서 보완될 과제도 적지 않다. 프랑스도 재범방지를 통한 사회안전 확보가 최우선 순위의 형사정책이다. 2007년 사회당 정권 들어 폐지한 재범자에 대한 최하한형 peine plancher 제한, 2008년 2월 도입한 특정중대범죄자에 대한 보안유치rétention de sûreté 제도는 유의해 살펴볼 필요가 있다.

최하한형 제한은 새범사로서 법정형이 3년 이상 구금형인 중죄 또는 경죄를 범할 경우, 판사가 법률에 규정된 최하한형 이상의 형을 선고하도록 하여 양형 재량에 제한을 가한 것이다. 보안유치 제도는 우리의 치료감호와 유사한 제도다. 살인, 강간 등 특정중대범죄자에 대해 재범의 우려가 있을 경우 석방하지 않고 특별폐쇄수용시설에 유치한다. 대상 범죄는 살인, 강간, 고문, 유괴 등 형사소송법에서 정한 중대범죄다.

이러한 특정중대범죄를 범하고 15년 이상 구금형을 선고받은 자는 형기 종료 전 1차로 전문의료진과 정신병리 전문가 등으로 구성된 위원회의 심사를 받고, 2차로 3인의 판사로 구성된 고등법원 특별재판부의 재판을 받는다. 그 결과 '위험성이 특별히 남아 있고 재범할 위험성이 매우 높은 것으로 보이는 때'에는 석방하지 않고 특별수용시설에 유치하게 된다. 유치 기간은 1년이고 재범 위험성이 있으면 무제한 연장 가능하다. 15세~18세 미성년자에게도 적용된다.

재범방지와 관련해서는 제도의 유기적 연관성이 중요하다. 아무리 잘 만든 제도라도 유기적 연관성 없이는 효과를 제대로 발휘하기 어렵다. 형사사법제도는 범죄 예방, 수사, 재판, 형 집행, 교정행정, 보호관찰 등 일련의 절차가 일관된 정책적 기조하에서 정교하게 설계되어야 한다.

영국 법무부의 NOMS(National Offender Management Service)는 재범방지정책의 유기적 연관성을 극대화한 모범적 사례다. 교정과 보호관찰 부문을 부분적으로 통합하여 범죄자가 재판을 받고 교도소 수감을 거쳐 출소 이후 보호관찰 단계까지 한 사람이 일대일 맞춤형으로 담당하면서 교정과 성공적인 사회 복귀를 돕는다.

대부분 국가에서는 교정과 보호관찰 당국은 분리되어 있다. 우리도 소년범 관련 정책은 법무부 범죄예방정책국 소관이지만 소년교도소는 법무부 교정본부 소관이다. 영국도 처음 NOMS를 창설하는 과정에서 교정과 보호관찰 당국 간의 갈등이 적지 않았으나 성공적으로 안착하여 재범방지에 상당한 효과를 거두고 있다. 조직에 정책을 맞추지 않고 재범방지라는 정책적 목표에 따라 법무부 조직을 재설계함으로써 성공한 사례다.

형사사법제도의 유기적 연관성은 형벌이나 보호관찰 집행 분야에서 특히 중요하다. 효과적인 형사사법을 위해서는 집행의 실효성이 담보되어야 한다. 2002년 이화여대 법학과 4학년에 재학 중이던 하모 양을 새벽에 납치해 총기로 청부 살해한 '여대생 청부살인 사건'이 발생했다. 그런데 살인을 교사한 주인공으로 무기징역을 선고받고 복역 중이던 모 제분회사 회장의 배우자가 형 집행정지를 악용해 6년간 수감생활을 면한 사실이 밝혀져 사회적으로 충격을 주었다. 1차적으로 담당 검사의 잘못이지만 결국 제도적 허점 때문이었다.

전두환 전 대통령의 장기간 추징금 미납 사례도 추징금을 비롯한 범죄수익환수 제도가 효과적이지 못한데 원인이 적지 않다. 향후 형사정책은 선진국처럼 형사처벌의 개인화·개별화가 강화되어 주된 형사처벌에 부과하는 부가형을 확대하고 형사처벌 대신 사회봉사명령 같은 대체적 처분도 다양화되는 방향으로 갈 것이다. 그렇게 되면 집행절차가 더욱 정교해져야 하고 검찰, 경찰, 법무부 외에도 다른 정부 부처나 지자체 또는 민간 부문도 긴밀히 연결될 수밖에 없다.

제도의 유기적 연관성은 물론 기관 간 네트워크도 더욱 중요해진다. 형사사법정보시스템도 마찬가지다. 관계기관 간의 범죄정보나 형사사법정보가 원활하게 공유될 때 형사사법의 효과가 극대화될 수 있다. 컨트롤타워와 일관된 정책 기조는 정책과 제도적 성공의 전제 조건이다. 그런데 기관 이기주의가 심한 우리의 경우 각 부처가 경쟁적으로 나서다 보니 정책의 비효율은 물론 기관 간 갈등도 적지 않다. 당연히 국가자원이 효과적으로 배분되지 못하고 정책도 성공하기 어렵다.

소년형사사법개혁도 중요하다. 오래된 통계지만 2012년 법무부 국정감사 자료에 따르면, 2008년 14세 이상 19세 미만 소년범 133,033명 중 재범자는 24,528명으로서 재범률이 18.4퍼센트였으나 2011년에는 104,117명이 범죄를 저지르고 그중 25,378명이 재범하여 재범률이 24.4퍼센트에 이르러 성인범을 능가하는 것으로 나타났다. 소년범의 저연령화도 심각한 상황이다.

만 14세 미만으로서 범죄를 저지르더라도 처벌받지 않는 형사미성년자를 가리키는 '촉법소년'의 범죄가 급증하고 있다. 이들은 범죄를 저지르더라도 형사처벌되지 않는다는 사실을 잘 알고 범행을 상습적으로 반복하는 경우가 많고, 그 범행수법도 성인범 못지않은 수준에 이르렀다. 지난 대선 과정에서도 형사미성년자 연령을 12세로 낮춰야 하는지 여부에 대해 논란이 있었으나 정작 소년범죄는 우리 형사정책과 검찰, 법원의 실무에서 여전히 우선순위에서 뒤쳐져 있고 관심도 없다. 소년형사정책을 총괄하여야 할 검찰조차도 전국 주요 검찰청에 소년범 전담부서가 없다. 서울중앙지검에 여성아동범죄조사부가 있지만, 성폭력 사건을 주로 하기 때문에 소년전담부라고 하기에 부족하다.

검찰청마다 형사부 소속 소년전담검사가 1~2명 지정되어 있지만, 그마저도 범죄예방위원회 행사 등에 많은 시간을 뺏기고 있는 실정이다. 선호 보직이 아니다 보니 소년전담검사의 전문성도 떨어지고 수사지휘, 처분, 보호관찰, 재범방지까지 일관된 형사정책을 추진하지도 못하고 있다. 국정감사에서 소년범의 재범 문제가 해마다 지적되고 있지만, 법무부와 대검의 소년형사정책도 여전히 미흡하다. 정책당국의 전문성이 떨어지고 소년범 실태에 대한 근본적 진단이 제대로 되지 않았기 때문이다.

범죄의 세계화 시대에
우리는,

    첨단 정보기술과 글로벌화로 가속화되고 있는 범죄의 세계화는 근본적으로 다른 차원의 접근을 요구한다. 기존의 단일 국가 차원의 검찰, 법원조직과 형사사법제도로는 효과적 대응이 어렵기 때문이다. 해외 조세피난처를 이용한 탈세나 자금세탁의 경우 형사사법공조도 어렵고 그 추적과 수사가 쉽지 않다. 2006년 검찰의 론스타 사건 수사 때 엄청난 분량의 영문 이메일과 자료를 분석해야 했고 자금 추적 등 미국과의 형사사법공조가 불가피했는데, 국가 간 범죄 수사의 어려움을 보여준 대표적 사례다.

    앞서 살펴본 대로 형사소송법상 관할 규정도 범죄의 세계화 시대에 맞추어 적절히 정비되어야 하지만 아무런 관심이 없다. 금융범죄에 효과적으로 대응하기 위해 검찰과 법원의 조직과 시스템을 전문화하고 역량을 집중시키지 않으면 안 된다. 국제형사사법공조, 범죄인 인도 관련 법률의 정비도 서둘러야 하고 검찰과 법원의 인사시스템과 교육제도에도 근본적인 변화가 요구된다.

공판중심주의와 형사증거법도 범죄의 세계화 관점에서 문제점이 없는지 살펴볼 필요가 있다. 막대한 비용을 들여 외국에 있는 증인이나 참고인, 감정증인을 우리나라 법정에 모두 불러올 수는 없기 때문이다. 공판중심주의의 정신과 실질을 모두 살리면서도 형사증거법의 결함으로 주요 범죄자가 처벌을 면하는 경우가 발생하지 않도록 방안이 마련되어야 한다.

다시 강조하지만 마약이나 금융경제범죄, 테러는 국가 간 범죄조직의 연계하에 범죄가 이루어지는 경우가 많아 국제형사사법공조가 매우 중요하다. 범죄수익을 해외에 빼돌린 경우도 마찬가지다. 국내 폭력조직이 범죄수익으로 중국이나 베트남의 부동산을 구입하거나 기업을 인수·합병하였을 경우 그 추적도 쉽지 않지만 이를 어렵게 밝혀냈다 하더라도 국내로 환수하는 것은 국가 간 범죄수익환수에 관한 협정과 공조 없이는 불가능하다.

＊

유럽은 1993년 11월 1일 유럽연합 설립 조약인 마스트리트 조약의 발효로 형사사법·경찰협력이 유럽연합이라는 단일기구의 틀 안에서 이루어지게 되었다. 유럽연합 형사사법협력의 핵심기구는 유럽형사사법협력기구Eurojust다. 2002년 유럽연합 이사회의 결정으로 설립되었고 본부는 네덜란드 헤이그에 있다. 유럽경찰기구Europol와 더불어 유럽통합과 범죄의 세계화 현상에 따른 대형금융·경제범죄와 조직범죄에 효과적으로 대처하기 위한 노력의 일환이다.

각국은 고검장급 대표를 파견하여 국제공조가 필요한 사건을 공동으로 논의하고 유럽형사사법협력기구를 통해 다른 나라 검찰에 직접 수사 요청을 하기도 한다. 유럽은 과거 '1,000장의 나뭇잎이 포개진 사법절차mille feuille juridique'로 불렸던 복잡하고 관료적인 형사사법 공조절차를 전면 개혁하여 2000년 5월 유럽연합 형사사법 공조조약을 발효시켰다. 외교 경로를 거치지 않고 사법기관 간 직접 형사사법공조를 원칙으로 하였고, 테러나 조직범죄와 관련하여 국가 간 합동수사팀을 창설·운영할 수 있도록 했다.

유럽연합 형사사법 공조조약의 발효와 더불어 유럽연합 형사사법협력에서 또 다른 전환점이 된 사건은 1999년 핀란드 탐페레 유럽이사회에서 '사법적 결정의 상호인정reconnaissance mutuelle' 원칙을 도입한 것이다. 유럽연합 형사사법협력의 혁명적 전환이라고도 평가되는 이 조치는 유럽연합 내 한 국가의 사법적 결정을 다른 회원국에서 별도의 조치 없이 그대로 인정한다는 원칙이다. 2002년 신설된 유럽체포영장은 이 원칙에 기반하여 만들어진 것이다.

4년간의 논의를 거쳐 2001년 11월 헝가리 부다페스트에서 서명된 유럽사이버범죄협약Convention on cybercrime도 중요하다. 사이버범죄에 관한 최초의 포괄적 국제협약이다. 유럽평의회 47개 회원국 전문가들과 미국, 일본, 캐나다도 논의과정에 참여하였고 2004년 7월 1일 발효되었다. 이 협약은 비회원국에도 가입이 개방된 협약으로 미국, 일본, 호주가 가입하였다. 협약은 형사처벌규정과 관련 소송절차, 컴퓨터 데이터의 보존, 수색과 압수, 재판관할, 국제협력 등에 관한 48개 항으로 구성되어 있다. 우리는 아직 미가입 상태지만 사이버범죄 역시 효과적인 국가 간 협력이 필수적이므로 협약 가입에 따른 장단점을 면밀히 검토하여 적절한 시일 내에 가입하는 방안을 검토할 필요가 있다.

유럽의 형사사법협력 발전과정을 유럽연합이라는 특수한 정치·경제적 상황에 따른 유럽만의 특별한 현상으로 볼 것은 아니다. 정치적·경제적 통합 측면에서 정도의 차이는 있으나 세계화의 거대한 물결 앞에 유럽과 우리나라가 서로 다르지 않다. 국경을 넘는 조직범죄와 금융경제범죄가 더욱 기승을 부릴 것이고 해외로 도피시킨 범죄수익의 효과적인 몰수와 추징 문제도 또 다른 도전이 되고 있다.

더 이상 단일 국가의 역량만으로는 해결할 수 없는 범죄도 급증하고 있다. 보편적 관할 개념에서 볼 수 있는 바와 같이 테러범죄, 반인륜범죄, 부패범죄, 핵물질 관련 범죄 등은 국제 사회가 그 진압을 공동의 목표로 삼고, 어느 국가라도 형사재판관할권을 가지고 수사와 재판을 할 수 있도록 하는 것이 국제적 추세다.

우리가 검경수사권 조정, 검수완박 같은 국내 이슈에 매몰되어 있는 사이 UN, OECD, 유럽연합, 유럽평의회를 중심으로 형사사법의 근본적 패러다임이 빠른 속도로 바뀌고 있다. 이러한 논의에 전략적이고 장기적 전망하에 더욱 적극적으로 참여하지 않으면 안 된다. 국익을 대변할 부분이 있으면 대변해야 하고 그 논의사항을 신속하고 적절히 국내 형사사법제도에 반영할 필요도 있다.

안타깝게도 우리 현실은 국제형사 분야에 대해 별로 관심이 없고 앞으로도 특별히 희망적으로 보이지 않는다. 2019년 매년 600명의 피의자가 수사 도중 해외로 도피하는데 대검 국제협력담당관실 검사는 고작 3명이라는 언론 보도가 있었다. 국제 범죄인 인도조약 체결도 77개국에 불과하여 조약이 체결되지 않은 국가로 도피하면 범죄인 송환 자체가 쉽지 않다.

해외공관이나 국제기구에 파견되는 법무협력관 현황도 전면 재검토하여 최소한 주요 이슈가 논의되는 OECD, 유럽연합, 유럽평의회에는 추가로 파견하여 관련 사항을 체계적으로 챙겨 나갈 필요가 있다. 제도적 차원에서도 형법과 형사소송법, 기타 특별법을 전반적으로 검토하여 국제형사 관련 규정을 보완해 나가야 한다.

국제형사관할, 국제형사사법공조, 형사증거법 등은 물론 글로벌 이슈로 확고히 자리 잡은 반부패, 조직범죄, 국제자금세탁, 국외 탈세, 해외 도피 범죄수익 환수, 사이버범죄, 반인륜범죄 등에 대해서도 국내 사정을 감안해 적절히 정책과 입법에 반영할 필요가 있다. 국격에 걸맞은 국제형사사법 역량을 갖추지 못할 때 우리 형사사법 시스템이 후진적이라는 비판에서 자유로울 수 없고 국제 사회의 책임 있는 일원으로서의 역할도 다할 수 없다는 사실을 잊지 말아야 한다.

마치면서

진실은 민주주의의
주춧돌이다

"모든 사람들이 저마다의 의견을 가질 권리가 있는 것이지, 저마다의 사실을 가질 권리가 있는 것은 아니다."

미국 민주당 상원의원을 지낸 사회학자 패트릭 모이니헨의 말이다. 인터넷이 지배하는 세상에서 정치적 쟁점에 관한 국민들의 무지는 더 커졌고, 선동적 정치꾼들이 사람들의 분노와 공포심을 이용하는 것이 그 어느 때보다 쉬워졌다. 편견에 호소해 만 명을 움직이는 것이 논리로 한 명을 설득하는 것보다 더 쉬운 세상이 되어 버린 것이다.

언어가 분명하지 않으면 진실의 기준이란 있을 수 없다. '검수완박', '검찰개혁'이라는 선동적 언어가 우리 사회에 남긴 상처가 너무 크다. 사람들은 어떤 것이 사실인지보다 "그것을 믿는 게 편리"한지에 더 관심을 두며, 객관적 진실만이 문제가 아니라 진실을 말하지 않는 것도 문제라고 지적한 미치코 가쿠타니의 말이 요즘처럼 가슴에 와 닿는 적도 없다.

문재인 정권 5년을 마무리하면서 갖은 편법과 무리수를 동원해 통과시킨 검수완박법은 우리의 민주주의가 근본적인 위기상황에 처해 있음을 확인시켜 주었다. 정치의 계절이 올 때마다 정치적 메시아를 기다려 보지만 언제나 헛된 소망이었음을 깨닫는데 걸리는 시간은 길지 않았다. 망망대해를 건너야 하는데 유능하고 현명한 선장이 없다는 불행한 현실은 우리나라만의 문제가 아니다. 분열과 갈등을 극복하고 지혜로운 시민 모두가 힘을 합쳐 항해사가 되어 낯선 바다를 뚫고 나아가야 한다.

신뢰에 기반한 사회제도가 부패하는 것을 막지 못하면 미래는 없다. 우리가 가장 두려워해야 할 것은 운명론이다. 무관심은 특히 치명적이다. 법의 지배와 법치주의를 회복하고 국가를 정상화 시키려면 오직 권력에만 굶주려 있는 정치인들을 퇴출시킬 수 있도록 냉소주의와 체념을 반드시 거부해야 한다.

좋은 국가는 어떻게 만들어지는가. 국민의 주권은 특권 없는 정치, 부패하지 않은 정부, 청렴한 공무원, 그리고 서로 다른 생각을 인정하고 존중하는 사회에서 꽃필 수 있다고 최연혁 교수는 말한다.

진실은 우리 민주주의의 주춧돌이다. 1838년 젊은 에이브러햄 링컨은 "미국 국민이 마지막까지 자유롭게 남으려면 건전한 도덕성 그리고 헌법과 법에 대한 존경심과 더불어 이성을 받아들여야 한다"고 역설했다.

2022년 5월 새 정부가 출범했지만 국내외적으로 너무 많은 도전이 우리를 기다리고 있다. 역사는 성공과 실패를 반복한다. 가능성이 희박하다는 것은 반드시 불가능을 의미하지 않는다. 새로운 사회를 상상해 내는 것은 우리의 책임이다.

'역경을 딛고 별을 향해 나아가자Per aspera ad astra.'

법치는 어떻게 붕괴하는가

지은이   김종민

2022년 5월 31일 초판 1쇄 발행

책임편집   김창한
기획편집   선완규 김창한
마케팅   신해원
디자인   형태와내용사이

펴낸곳   천년의상상
등록   2012년 2월 14일 제2020-000078호
전화   031-8004-0272
이메일   imagine1000@naver.com
블로그   blog.naver.com/imagine1000

ⓒ 김종민 2022

ISBN   979-11-90413-41-1 03300